Martin Orack

Trennung und Kindesentzug

Band 1 der Reihe

„Neiiiin nicht zu Mama"

Herstellung und Verlag:
BoD – Books on Demand, Norderstedt
ISBN 9783732294848

Martin Orack

Trennung und Kindesentzug

Band 1 der Reihe

„Neiiiin nicht zu Mama“

Inhalt

Vorwort

Mit der Schilderung eines anonymisierten tatsächlichen Falles wird aufgezeigt, wie bei der Trennung der Eltern zwar alle Beteiligten das „Wohl des Kindes" als zentrales Anliegen immer wieder betonen, es aber nicht wirklich betrachten und verfolgen.

Die vom Gesetz gewollte Gleichbehandlung von Mutter und Vater findet nicht statt.

In diesem wie in vielen ähnlichen Fällen wird die besondere Situation, die für den Vater als wichtigste Bezugsperson des Kindes spricht, gar nicht betrachtet, es wird standardmäßig nur für die Mutter entschieden, der Vater wird als Störfaktor behandelt.

Trotz der im BGB definierten Rechte des Kindes zum Umgang mit den Bezugspersonen Großeltern wird dies von den beteiligten Stellen nicht berücksichtigt.

Als Hilferuf für das betroffene Kind behandelt dieses Buch die Stationen einer Trennung, den Unterschied zwischen Recht haben und Recht bekommen.

Dies ist auch ein Aufruf an alle ähnlich Betroffenen, insbesondere natürlich in Trennung lebenden Männer, zusammen das hier beschriebene gesetzwidrige Verhalten der beteiligten Institutionen und Personen anzuprangern und durch eine öffentliche Empörung und Diskussion eine Veränderung zu einem Gesetzes konformen Verhalten zu bewirken.

Im Mittelpunkt muss dabei immer das Wohl des Kindes stehen, nicht die Rache gegen den anderen oder die Bestrafung eines Elternteils.

Die väterliche Seite der Familie kann und will die vom Familiengericht angeordnete physische und psychische Körperverletzung des Kindes nicht akzeptieren, will die Hoffnung nicht aufgeben, dass doch die Sorge um das Wohl des Kindes letztlich über alle Vorurteile siegt.

Tagebuch der Ehe und Familie vor der Trennung

Kindsvater und Kindsmutter leben seit einem knappen Jahr zusammen in der Wohnung des Kindsvaters in B.

Der Vater hat studiert, die Mutter eine handwerkliche Ausbildung. Beide arbeiten fachfremd selbstständig, zunächst auf Gewerbeschein.

Als sie im Februar 2009 heiraten, reisen die Eltern und der Bruder der Mutter dazu aus Tschechien an.

Die Kindsmutter ist zu dem Zeitpunkt bereits schwanger, will aber eigentlich noch kein Kind, der Kindsvater will es unbedingt, freut sich riesig.

Die verschiedenen Einstellungen sind wohl auch dem Altersunterschied geschuldet. Beide haben allerdings vorher gegenüber den Eltern des Vaters mehrfach geäußert, dass sie es darauf ankommen lassen, ob sie Nachwuchs zeugen oder nicht.

Sechs Monate nach der Hochzeit wird dann der Sohn Moritz geboren. Es kommt zu Komplikationen, Moritz wird in ein anderes Krankenhaus auf die Frühchenstation verbracht. Nach zwei Wochen darf er heim. In diesen zwei Wochen hat sich keine besondere Beziehung zwischen Mutter und Kind aufgebaut, beide Elternteile sind auf Besuche am Glaskasten eingeschränkt.

Der Vater nimmt ein Jahr Elternzeit, die Mutter zwei Monate. Sie teilen sich die selbstständige Erwerbsarbeit und die Betreuung von Moritz. Der Vater arbeitet während seines einen Jahrs Elternzeit nur entsprechend dem zulässigen Hinzuverdienst, übernimmt also überwiegend die Betreuung von Moritz. Dies ist problemlos möglich, weil Moritz nicht gestillt wird.

Wenn beide Elternteile arbeiten oder etwas vorhaben, dann übernehmen die Großeltern väterlicherseits die Betreuung von Moritz. Manchmal erfolgt dies stundenweise in der Wohnung der Familie, überwiegend aber im Haus der Großeltern. Es handelt sich dann meistens um tageweisen Aufenthalt mit Übernachtung. So hält sich Moritz ab Geburt bis zur Trennung der Eltern ein Drittel seiner Zeit bei den Großeltern väterlicherseits auf, der Großvater wird für ihn dabei zu einer besonders wichtigen Bezugsperson. Er übernimmt dann jeweils überwiegend die Betreuung des Enkels wie Wickeln, Füttern und Spielen.

Die Großeltern mütterlicherseits leben in Tschechien. Diese Großeltern kommen alle drei Monate für fünf Tage zur medizinischen Versorgung und zum Besuch von Verwandten nach Deutschland.

Zwei Drittel seiner Zeit ist Moritz also bei den Eltern, wird dabei überwiegend vom Vater versorgt. Der Aufenthaltswechsel erfolgt jeweils nach einem bis wenigen Tagen für einen bis wenige Tage.

Das kann etwa wie folgt im zeitlichen Durchschnitt abgebildet werden:

Aufenthalt: ein Drittel bei den Großeltern,
zwei Drittel bei den Eltern

Betreuung: ein Drittel durch die Großeltern,
zur Hälfte durch den Vater,
zu einem Sechstel durch die Mutter.

Der geringe Umfang der Betreuung durch die Mutter ergibt sich zunächst aus der Elternzeit des Vaters, aber auch sonst liefert die Mutter Moritz stunden- oder tageweise bei den Großeltern ab. Der Vater hat Moritz immer um sich, wenn er daheim ist, bezieht die Großeltern dann nur stundenweise ein.

Als Moritz ein halbes Jahre alt ist gründen die Eltern eine gemeinsame Firma, die ihnen zu gleichen Teilen gehört und in der sie beide in gleichem Umfang arbeiten, sie arbeiten nicht mehr auf ihren persönlichen Gewerbescheinen. Die Mutter wird als Geschäftsführerin eingetragen.

Nach anderthalb Jahren wird das Gebäude gekauft, in dem sich die gemietete Wohnung im ersten Stock befindet. Damit steht für die Firma der gewerbliche Bereich im Erdgeschoss zur Verfügung. Der Erwerb erfolgt durch die Großeltern, sie stellen das zu 100% finanzierte Haus dem Sohn zur Verfügung.

Kurz danach macht die dreiköpfige Familie Urlaub bei den Großeltern mütterlicherseits in Tschechien.

Der arbeitslose älterer Bruder der Mutter kommt mit nach Deutschland und wird in einem bewohnbaren Bereich im Kellergeschoss mit seinen beiden Hunden (Labrador-Mischlinge) einquartiert. Die beiden Hunde halten sich im gewerblichen Bereich im Erdgeschoss und Keller auf.

Der Bruder wird in der gemeinsamen Firma angestellt und nimmt auch zunächst häufiger an Arbeitsaufträgen teil. Unterkunft und Verpflegung soll er durch Übernahme der Renovierung der gerade erworbenen gewerblichen Räume im Haus abarbeiten.

Dem Großvater väterlicherseits, fällt seit längerem und zunehmend auf, dass die Mutter versucht mit Liebesentzug, Wegsperren und Schlägen auf Hände, Po und Kopf Moritz gefügig zu dressieren. Er äußert sich mehrfach besorgt gegenüber beiden Elternteilen, der Vater versichert ihm glaubhaft, dass er es nicht macht und auch nicht will. Die Eltern der Mutter gehen in ihren jeweils weniger Tagen ihrer Anwesenheit genauso lieblos und streng mit Moritz um.

Die Mutter hat mehrfach erwähnt, dass sie als Kind sehr unter der strengen Erziehung ihrer Eltern mit Schlägen gelitten habe. Sie gibt es jetzt so weiter an ihr Kind.

Der Vater und der Großvater waren und sind dagegen beide zutiefst überzeugte Pazifisten und lehnen jede Form der Gewalt ab, insbesondere auch im häuslichen Bereich und in der Erziehung.

Wenn der Großvater Moritz heim bringt, aber nur die Mutter anwesend ist, wehrt sich Moritz mit Strampeln und Schreien gegen die Übergabe, will wieder mit Opa gehen. Es ist herzzerreißend.

Der Großvater lässt sich aber nicht „erweichen", sucht eher eine „Schuld" bei sich, weil der Kleine vielleicht zu sehr verwöhnt wird bei den Großeltern. Aber so soll und darf es doch sein.

Es erscheint ihm schon ungewöhnlich, dass sich ein anderthalb jähriges Kind jedes mal so vehement gegen die Rückkehr zur Mutter wehrt.

Sobald der Vater anwesend ist, erfolgt die Übergabe von Moritz ohne Probleme und Trennungsschmerz.

In der Ehe beginnt es zu kriseln. Die Mutter hockt meistens mit ihrem Bruder zusammen, geht immer weniger Arbeiten. Da der Vater zu der Zeit keinen Führerschein hat, fährt sie ihn meistens mit dem Firmenwagen zu seinen Arbeitseinsätzen.

Schließlich reduziert sich ihr Einsatz für die Firma allein auf das Fahren. Sie verkündet, sie habe keine Lust mehr zu arbeiten, werde sich stattdessen mehr um Moritz kümmern.

Letzteres macht sie allerdings nicht. Sie liefert Moritz sogar vermehrt bei den Großeltern ab und überlässt die Betreuung daheim komplett dem Vater, der nach Ende seiner einjährigen Elternzeit wieder voll arbeitet. Auch die Büroarbeit muss er dabei nebenher erledigen. Sie lässt alles liegen, nimmt die Geschäftsführung der gemeinsamen Firma nicht mehr wahr.

Wenn sie einen Job annimmt, rechnet sie das auf ihren Gewerbeschein über ihr persönliches Konto ab.

Gleichzeitig stellt sie immer höhere finanzielle Ansprüche (Kleidung, Friseur, Bruder, Hunde). Der Vater versucht gutgläubig trotz der sinkenden Einnahmen die Firma, ihre Wünsche seinerseits durch vermehrte Arbeit zu erfüllen.

Dann gibt es einen gravierenden Vorfall. Der Großvater betreut in deren Wohnung Moritz, weil der Vater im Werkkeller arbeiten will, die Mutter sich aber nicht um Moritz kümmern will, sondern mit ihrem Bruder im benachbarten Wohnkeller rumhängt.

Als der Großvater wieder gehen will, wird er von der Mutter angesprochen und gebeten, sich mit Moritz nicht mehr im Keller aufzuhalten, denn das könnte gefährlich werden. Sie habe der läufigen Hündin ein Lieblingsspielzeug von Moritz überlassen als Ersatzwelpe, und das würde die Hündin nun mit Bissen verteidigen. Der Großvater ist fassungslos, der Vater hat davon nichts gewusst, war also auch nicht gewarnt. Die Mutter nimmt also billigend in Kauf, dass der Hund Moritz angreift, wenn der sein Spielzeug will.

In den nächsten Tagen verweigert die Mutter, den Vater noch zu fahren, und versucht auch zu verbieten, dass der Vater sich vom Großvater, seinem Vater, fahren lässt. Sie fahren trotzdem zunächst mit dem Firmenwagen, stellen den dann aber weg, so dass die Mutter auch keinen privaten Zugriff mehr hat. Der Großvater fährt mit seinem Wagen den Vater zu den Arbeitseinsätzen.

Das Verhalten der Mutter in der Wohnung wird immer Messie mäßiger. Sie kauft Nahrungsmittel über Bedarf ein, die sich unausgepackt stapeln und schlecht werden, sie entsorgt keine Abfälle, wäscht und putzt nicht. Das notwendigste muss der Vater nach der Arbeit noch erledigen, sobald er Moritz versorgt und schlafen gelegt hat. Er erledigt also Haushalt, Kinderbetreuung, die Büroarbeiten und die Erwerbsarbeit allein.

Die Mutter und ihr Bruder werden immer wieder ausfällig bis handgreiflich bei jedem Versuch, sie anzusprechen. Der Bruder hält sich inzwischen tagsüber auch überwiegend in der Familienwohnung auf oder die Mutter geht mit ihm in seinen Wohnkeller. Im Streitgespräch äußern beide mehrfach, das hätte sich ja bald alles erledigt.

Die Mutter hat offensichtlich kein Interesse am Kind und seiner Entwicklung.

Auch wenn sie damit nur den Vater verletzen will, darf sie nicht so mit dem Kind umgehen, das so auf dem Rücken des Kindes austragen.

Der Großvater überlegt, zum Jugendamt zu gehen, weil die Mutter Moritz häufig schlägt und mit Liebesentzug bestraft und wegen des unglaublichen Vorfalls mit den Hunden. Für ihn ist das Maß voll. Er will das aber nur mit Zustimmung des Vaters machen. Er bittet seinen Sohn, den Vater von Moritz, er solle es sich bis nächsten Montag überlegen, ob das Jugendamt unterrichtet werden soll.

Auf die Vorwürfe seiner Mutter, der Großmutter von Moritz, sich mit dieser Frau eingelassen zu haben, antwortet der Vater mit Blick auf Moritz: „Die Verbindung mit dieser Frau hat sich allein wegen dieses goldigen Kerls gelohnt", und strahlt.

An diesem Mittwoch meldet der Vater einen Kita-Platz für Moritz an, die Mutter hat unterschrieben.

Am Donnerstag gehen Vater und Großvater vorbeugend zur Beratung zu einer Anwältin wegen der Äußerungen „das hat sich ja bald erledigt". Sie vermuten eine bevorstehende Trennung und befürchten auch eine eventuelle Ausreise nach Tschechien.

Der Großvater will den Vater am Freitag zur Arbeit fahren, da meint die Mutter schnippisch, sie habe seinen Arbeitstermin für heute abgesagt, da sie keine Zeit und Lust habe, ihn zu fahren und auch nicht will, dass sein Vater ihn fahre!

Seinen Auftrag ohne Rücksprache abzusagen, ist ja wohl Firmen schädigend, eine Umsatz- und Einkommensverhinderung. Der Vater ist außer sich. Er verlangt, dass sie als Geschäftsführerin ihrem Bruder sofort die Kündigung ausspricht, weil er sowieso nicht mehr mitarbeitet und außerdem habe er die privaten Gegenleistungen nicht erbracht. Sie sagt die Ausführung der Kündigung zu. Wegen der Gefährdung von Moritz durch die Hunde fordert der Vater zusätzlich, dass ihr Bruder mit den Hunden am Montag ausgezogen sein muss.

Trennung erster Teil

Im folgenden wird in zeitlicher Abfolge dargestellt, wie sich die Trennung der Eltern gestaltet und insbesondere auf das Kind auswirkt, um in erster Linie dadurch herauszustellen, wie das Wohl des Kindes missachtet wird. Andere Auswirkungen der Trennung werden nur sporadisch nebenher erwähnt.

Vor einem Monat ist Moritz zwei Jahre alt geworden.

Der Großvater fährt an einem Samstag den Vater zur Bahn, der arbeitet drei Tage in Frankfurt.

Sie hoffen, dass die Mutter, ihr Bruder und Moritz in der Zeit nicht nach Tschechien verschwinden. Sie haben beide Angst, dass Moritz ins Ausland „entführt" werden könnte.

Erste Woche

Nach seiner Rückkehr aus Frankfurt am Montag Abend kommt dann ein telefonischer Hilferuf vom Vater an den Großvater.

Die Mutter ist offenbar mit Moritz, ihrem Bruder, den Hunden, ihren zwei Katzen und Sack und Pack ausgezogen, unbekannt verzogen. Sie hat keinen Hinweis hinterlassen.

Sie hinterlässt also auch keine Begründung, warum sie bei Nacht und Nebel ausgezogen ist, ohne Vorankündigung oder Absprache, und warum sie Moritz mitgenommen hat, der bisher überwiegend von seinem Vater betreut und versorgt worden ist.

Sie hat alles mitgenommen, was nicht niet- und nagelfest ist. Es sind kaum noch Haushaltsgegenstände da und nichts an Kinderkleidung, Spielsachen und Kindergeschirr.

Moritz hatte außerdem gerade eine Bindehautentzündung, starke Erkältung und hohes Fieber. Sie ist also mit dem kranken Kind ausgezogen ohne neuen festen Wohnsitz, hat nur irgendwo Unterschlupf.

Die Mutter hat außerdem das Firmenkonto geplündert, die für die Zahlung der fälligen Steuerschuld auf dem Konto stehenden 4000 € hat sie abgehoben, das Privatkonto ist auch fast leer.

Der Großvater schickt eine Mail an die Eltern der Mutter, ob sie von der Aktion und dem jetzigen Aufenthalt wüssten. Es kommt knapp und kalt zurück, das sei alles Schuld seines Sohnes, des Vaters von Moritz.

Da der Vater am Dienstag arbeitet, versucht der Großvater vorbeugend für ihn, die Sachlage zu klären.

Die alarmierte Anwältin rät zu Kontakt mit Jugendamt und Polizei.

Die für den Straßenzug zuständige Jugendamtmitarbeiterin und die Polizei werten es positiv, dass die Mutter alle Sachen von Moritz mitgenommen hat „ist er also gut versorgt!" und sagen einhellig „bei der Mutter ist das Kind doch gut aufgehoben".

Die Jugendamtmitarbeiterin macht dem Großvater im Telefonat keinerlei Zusagen, etwas zu tun. Er hat den Eindruck, dass sie die Mutter kennt und schon mehrfach mit ihr gesprochen hat. Warum hat sie dann keinen Kontakt mit dem Vater gesucht, um beide Seiten zu hören?

Offensichtlich ist die Mutter mit Wissen und Unterstützung des Jugendamtes rechtswidrig mit dem Kind weggezogen.

Die Kripo sieht keinen Handlungsbedarf, auch nicht wegen des veruntreuten Firmengeldes oder des unbekannten Aufenthalts von Moritz. Die Schilderung des Großvaters wird zwar aufgenommen, um es an den zuständigen Kollegen weiterzugeben. Nur der Ehemann und Kindsvater kann Anzeige erstatten. Den Kripobeamten interessiert die vermutete mögliche Gefährdung des Kindes (Ersatzwelpe, Schläge, Liebesentzug und Ablehnung) nicht, „das sagen alle so ähnlich". Die Firmengelderveruntreuung sei rein zivilrechtlich zu klären, das sei keine polizeiliche Aufgabe!

Kindesentzug läge nicht vor, die Polizei wird deshalb auch nichts unternehmen, um den Aufenthalt von Moritz festzustellen.

Es gibt also Paragrafen im StGB und BGB, bei denen die Polizei nicht tätig wird, die nicht angezeigt werden können und/oder nicht verfolgt werden. Wozu gibt es dann diese Paragrafen?

Der Vater bekommt per SMS und dann auch am Telefon Kontakt mit der Mutter. Sie weigert sich, ihren Aufenthalt, die Umgebung von Moritz offenzulegen und sie lehnt den Umgang von Moritz mit dem Vater ab, was klar ein Verstoß gegen das gemeinsame Sorgerecht ist.

Am nächsten Tag, Mittwoch, rät die Anwältin entgegen vorher wieder davon ab, Anzeigen zu stellen.

Die Mutter sagt Stunden weisen Umgang des Vaters mit Moritz zu, morgen Nachmittag, lehnt aber eine Übernachtung von Moritz beim Vater kategorisch ab.

Der Großvater begleitet den Vater Donnerstag um 15:30 zur Bahn. Die Mutter und ihr Bruder übergeben ihnen Moritz für vier Stunden.

Die Mutter verkündet stolz, das Jugendamt B. sei nach Vorankündigung bei ihr gewesen und habe alles als bestens empfunden. Ihr Bruder und die Hunde waren nicht anwesend. Für Vater und Großvater stellt sich die Frage, was die Jugendamtmitarbeiterin eigentlich mit zwei Tagen Vorankündigung ohne festen Wohnsitz

prüfen wollte. Woher weiß sie, dass es die neue Wohnung der Mutter oder nicht die einer Freundin ist, ob es das Zimmer und die Spielsachen von Moritz waren? Woher weiß sie, ob die beiden mit dem Bruder und den Hunden oder nicht oder mit wem sonst zusammenleben?
Weil sie ungeprüft der Mutter alles, dem Vater aber nichts glauben?

Vater und Großvater verbringen die Zeit mit Moritz abwechselnd beim Vater und bei den Großeltern. Der Großvater bringt Moritz dann wieder zur Mutter an der Bahnstation.
Der Großvater erbittet Aufenthalt von Moritz bei den Großeltern von Samstag früh bis Montag Abend, um seinen Umgangsanspruch mit den Großeltern wahrzunehmen. Die Mutter sagt es zu! Ihr Bruder beschimpft den Großvater.
Am nächsten Morgen, Freitag, auf der Fahrt mit dem Vater zur Arbeit, ruft die Jugendamtmitarbeiterin ihn an. Der Großvater bekommt das lange Gespräch indirekt mit, der Vater ist sehr ruhig und gefasst. Das Jugendamt lässt den Vater mit allen seinen Anliegen und Fragen abblitzen, lehnt ein persönliches Gespräch mit ihm ab, will nur ein gemeinsames Gespräch der Eltern moderieren. Der Vater ist einverstanden. Die Mutter ist offenbar schon länger mit der Mitarbeiterin im Kontakt, Einzelgespräche mit ihr wurden offenbar nicht abgelehnt. Die Jugendamtmitarbeiterin scheint nur Handlungsbedarf gegen den Vater zu erkennen.
Am nächsten Tag, Samstag, nimmt der Großvater um 10 Uhr an der Bahn Moritz in Empfang. Der Bruder der Mutter beschimpft den Großvater. Obwohl für die nächsten zwei Tage über 30 Grad angesagt sind, hat Moritz keine leichte Kleidung und keine Schirmmütze

gegen die Sonne dabei, sondern nur einen dicken Fleece-Anzug mit Kapuze. Der Großvater verbringt mit Moritz den Tag abwechselnd bei den Großeltern und bei seinem Vater. Sie handwerkeln zusammen im Laden, zu den Mahlzeiten fahren sie zu den Großeltern.

Zweite Woche

Am Sonntag und Montag wird die Zeit mit Moritz abwechselnd beim Vater und bei den Großeltern verbracht.

Es trifft ein Brief an den Vater von der Anwältin der Mutter ein, sie verlangt summarisch 800 € Unterhalt im Monat und Auskunft über das Einkommen des Vaters. Dieses Standardverlangen ist unhaltbar im vorliegenden Fall, denn beide hatten vereinbart, gemeinsam Moritz zu betreuen und in gleichem Maß in der gemeinsamen Firma Erwerbseinkommen zu erarbeiten. Insofern müssten beide gegenseitig ihr Einkommen offenlegen, wobei die Mutter als Geschäftsführerin der Firma alle Unterlagen hat und daher für beide umfassender Auskunft geben können muss als der Vater für sich.

Der Großvater bringt Moritz um 17:30 zurück zur Mutter an der Bahn, sie ist heute allein da.

Der Frage nach einem neuen Termin weicht sie aus, es sei demnächst schlecht, sie habe einiges vor, wo sie Moritz dabei haben müsse. Sie sagt „müsse", nicht „wolle". Wegen des gemeinsamen Sorgerechts kann es solche Termine eigentlich nicht geben, mindestens müsste der Vater darüber zeitlich und inhaltlich informiert werden. Das Verhalten der Mutter erscheint rechtswidrig.

Telefonisch versucht der Großvater am Donnerstag, ihre Zustimmung für Moritz Aufenthalt bei seinen Großeltern für drei Tage ab Montag zu bekommen.

Überraschend und unbegründet verweigert sie plötzlich jeden Umgang von Moritz mit den Großeltern, die sollen das gerichtlich klären lassen, Großeltern hätten keinen Anspruch auf Umgang. Stimmt so zwar, aber Moritz hat Anspruch auf Aufenthalt bei seinen Großeltern.

Sie beschuldigt den Großvater des Rufmords und der Verleumdung wegen seiner Mail an ihre Eltern und den darin verwendeten Begriffen „Entführung und Unterschlagung". Innerhalb der Familie kann man aber seiner Meinung nach wohl nicht von Rufmord und Verleumdung reden.

Sie lehnt eine zwischen ihr und dem Vater wechselnde Betreuung unter Einbeziehung der Großeltern ab.

Sie geht nicht darauf ein, dass auch auf Termine des Vaters Rücksicht zu nehmen wäre, die Aufteilung der Betreuung einvernehmlich erfolgen müsse, sie nicht nur von ihren Bedürfnissen ausgehen darf.

Sie ergänzt ihre Sichtweise damit, dass außerdem Moritz bei ihrer Wohnungssuche jetzt immer dabei sein solle, bis Montag einschließlich geht es daher gar nicht. Vielleicht am Dienstag, aber dann nur tagsüber ohne Übernachtung. Nach ihrem Umzug käme er sowieso in den Kindergarten, da müsse er ja dann jeden Tag hin, dann könne er sowieso nicht mehr nach B. kommen!

Mit ihren Argumenten bestätigt sie also, dass sie noch keinen festen Wohnsitz hat, sondern mit Moritz nur irgendwo Unterschlupf gefunden hat. Es ist wirklich ein ungeheures Ansinnen von ihr, dass der Vater des Kindes das alles so hinnehmen soll.

Der Großvater ruft bei der Jugendamtmitarbeiterin in B. an. Sie wimmelt ihn ab damit, dass sie sowieso nichts tun könne für die Großeltern. Einseitige durch die Mutter vollendete Tatsachen kann sie nicht ändern, das können nur die Eltern einvernehmlich oder das Familiengericht.

Für den Versuch zum Einvernehmen bietet sie wieder ein gemeinsames Gespräch mit den Eltern an. Da sich aber

die von ihr unterstützte Mutter bisher weigert teilzu-
nehmen, ist es ein leeres Angebot.

Sie beendet das Gespräch mit dem Hinweis, dass sie dem
Großvater persönlich die Formulierung übel nimmt, dass
sie ihn bei der Polizei ins offene Messer hätte laufen
lassen, weil sie ihn nicht benachrichtigt hat, dass sie den
Aufenthalt der Mutter kennt.

Sie hätte nichts sagen dürfen wegen der Schweigepflicht.

Der Großvater hält ihr entgegen, dass sie reine Tatsachen
hätte sagen können und müssen, wenn auch nicht die
Inhalte von Gesprächen. Also hätte sie darauf hinweisen
können und müssen,

dass sie mit der Mutter bereits mehrmals allein gesprochen hat, aber natürlich nicht was,

dass sie den Aufenthalt der Mutter kennt, aber nicht ihre
Anschrift weitergeben kann und muss.

Ein anderes Verhalten ihnen gegenüber hätte Vater und
Großvater bezüglich des Verbleibs von Moritz viele
Sorgen erspart und nach deren Ansicht hätten mindestens
der Vater, aber auch die Großeltern, als bisher wichtige
Bezugspersonen von Moritz, das erwarten können.

Trotz ihrer Schweigepflicht gesteht sie dann mehr oder
weniger zu: es gibt nur den Hinweis auf eine Gefährdung
des Kindes bei der Mutter. Das habe sie geprüft und keine
Auffälligkeiten oder Gefährdungen festgestellt.

Es gibt keine entsprechenden Hinweise der Gegenseite
gegen den Vater, deshalb müsse sie seine Umgebung (die
bisherige gewohnte Umgebung von Moritz) nicht prüfen
oder vergleichen.

Das Jugendamt dürfe nicht auf besser/schlechter, sondern
dürfe nur auf gravierend unzumutbar prüfen.

Sie geht nicht darauf ein, dass die Mutter zur Zeit keinen
festen Wohnsitz hat, sie dort also eigentlich gar nichts
prüfen kann.

21

Der Großvater ruft die Anwältin des Vaters an wegen seiner Sorgen.

Die Mutter sagt dem Vater am Telefon zu, dass er Moritz von morgen Abend, Freitag, bis Samstag Abend über Nacht haben darf!

So sehr sich Vater und Großvater freuen, so sehr sind sie bestürzt, dass die Mutter das Aufenthaltsbestimmungsrecht unbehelligt einseitig allein für sich in Anspruch nimmt, obwohl volles gemeinsames Sorgerecht besteht und bisher der Vater überwiegend die Betreuung übernommen hatte, ergänzt durch die Großeltern.

Sie sehen auch dieses Verhalten der Mutter als rechtswidrig, finden aber niemanden, ob Jugendamt, Anwälte oder Polizei, die gewillt sind, dem Kind oder ihnen bei der Durchsetzung seiner und ihrer Rechte zu unterstützen.

Da der Vater am Freitag noch auf der Heimfahrt von der Arbeit unterwegs ist (Stau), holt der Großvater Moritz um 17 Uhr an der Bahn von der Mutter ab. Sie ist trotz der pünktlichen Bahn wie üblich verspätet und übergibt Moritz um 17:20. Der Großvater fährt Moritz und seinen Vater zu einem kleinen Fest.

Die Mutter hat keine Mütze und keine Gummistiefel mitgebracht, dafür um viele Nummern zu große Hausschlappen, völlig ungeeignet für so ein kleines Kind.

Der Vater hat bei sich keine Sachen mehr für den Kleinen, weder Kleidung noch Fläschchen, oder, oder..., denn die Mutter hat beim Auszug alles mitgenommen und bringt auch jeweils keine Ausstattung für den Kleinen mit bei der Übergabe.

Die Rechtslage ist eigentlich so, dass der ausziehende Elternteil alle damit verbundenen Kosten (Neubeschaffungen) übernehmen muss, nicht der verlassene.

Die Großeltern geben dem Vater einige Kleinkindersachen aus ihren Vorräten.

Der Großvater fährt Moritz und seinen Vater zur Einschulung seines Patenkindes und holt die beiden nachmittags wieder ab.

Die Mutter kommt (von dem gemeinsamen Freund Hans gefahren) zum Vater. Sie wirkt wie eine lieblose, abweisende Übermutter, Lügen über Lügen und Fehlverhalten. Es kommt zum Streit zwischen Vater und Mutter wegen Umgang (sie will nur tagsüber ohne Übernachtung zugestehen), sie spricht dem Großvater den Umgang ganz ab, er solle sich nicht mehr einmischen.

Dabei übersieht sie völlig, dass es nicht um den Umgang mit dem Kleinen geht, sondern um Aufenthalt des Kleinen seinetwegen.

Sie kündigt an, Montag die gemeinsame Firma auflösen zu lassen (was sie bei der Rechtsform eigentlich nicht kann), sie will die Post an die Geschäftsführung zunächst nicht entgegen nehmen. Sie hätte keine Firmenunterlagen, es gäbe nur den Ordner beim Steuerberater. Wahrscheinlich hofft sie, dass mit Auflösung der Firma die Mitnahme der 4000€ erledigt ist.

Ihr Vorhaben würde auf jeden Fall die Firma und die Einkommenssituation stark beeinträchtigen. Das widerspricht ihrer Forderung nach Unterhalt und richtet sich auch gegen das Wohl des Kindes.

Dritte Woche

Am Montag begleitet der Großvater den Vater zur Anwältin, er erteilt Auftrag wegen Aufenthaltsrecht und Unterhaltspflicht. Das Umgangsrecht der Großeltern müsste durch einen anderen Anwalt vertreten werden, weil es Interessenkonflikte geben könne. Darüber sind Vater und Großvater sehr enttäuscht, denn nach ihrer Meinung kann man die gemeinsame Betreuung durch Vater und Großeltern nicht trennen. Denn der Großvater ist dadurch eine wichtige Bezugsperson geworden und der eigentliche Aufenthaltsort B. umfassend begründbar.

Ohne Not wird eine wichtige rechtliche Position damit von der Anwältin aufgegeben.

Die Anwältin weist in ihrem Schreiben an die Gegenseite den Anspruch auf Unterhalt zurück wegen hälftiger Betreuung und Erwerbsarbeit, sie verlangt im Gegenzug Einkommensnachweise von der Mutter.

Sie meldet bei der Gegenseite Anspruch auf das Aufenthaltsbestimmungsrecht an.

Am nächsten Tag, Dienstag, übergibt die Mutter dem Vater und Großvater um 9:15 Uhr Moritz. Sie wird von einem unbekannten Mann begleitet (der Vater vermutet einen Tschechen aus einer ihm bekannten Arbeiter – WG, mit denen hatte der Bruder der Mutter viel Kontakt).

Moritz hat trotz 5 Grad Außentemperatur keine Mütze auf.

Die Mutter holt Moritz um 18:30 Uhr beim Vater wieder ab. Hans fährt sie, derselbe Mann von heute Morgen ist auch dabei. Hans bestätigt dem Vater: es ist ein Tscheche aus der WG, wo die Mutter mit Moritz derzeit Unterschlupf gefunden habe. Das ist eine überraschende Bestätigung der Vermutung. Moritz hat also ein Umfeld nur mit tschechischen Männern und Konsum von Alkohol und Drogen.

Eigentlich sollte man dem Jugendamt einen Hinweis geben, aber die können es wegen Voranmeldung ja nicht wirklich prüfen, außerdem ist die Mutter nicht gemeldet.

Der Notar teilt dem Vater mit, dass er das Ansinnen der Mutter, die Firma aufzulösen, abgewiesen hat. Sie könne als Geschäftsführerin zurücktreten oder die Firma als Miteigentümer verlassen, aber sie könne sie nicht ohne Zustimmung der Miteigentümer auflösen.

Die Mutter (ohne Begleitung) übergibt dem Vater und dem Großvater am Mittwoch um 9:00 Uhr an der Bahn Moritz. Moritz hat wieder keine Mütze auf trotz einer Außentemperatur von nur 5 Grad.

Die Mutter sagt zu, bald auf den Zugriff auf das persönliche Girokonto des Vaters zu verzichten, sie benutzt angeblich inzwischen nur ihr eigenes Konto.

Moritz ist abwechselnd bei den Großeltern und seinem Vater, übernachtet bei den Großeltern.

Am Donnerstag um 18 Uhr bringen Vater und Großvater Moritz zu seiner Mutter an der Bahn. Sie bekommen ihre Zusage für Samstag Vormittag. Die Mutter und der Vater streiten um Geld, akut die Heizungskosten über 2700 €. Die Mutter will dazu nichts beitragen, obwohl sie ja dort im Abrechnungszeitraum auch gewohnt und Einkommen erworben hat.

Sie habe leider gerade keine Zeit, ihr Zugriffsrecht auf das private Girokonto des Vaters zu löschen.

Am Samstag holen Großvater und Vater um 9:30 an der Bahn Moritz von der Mutter (ohne Begleitung) ab. Sie unterschreibt den vom Vater mitgebrachten schriftlichen Löschungsantrag ihrer Vollmacht auf das private Girokonto des Vaters.

Moritz ist wechselnd bei den Großeltern und seinem Vater. Vater und Großvater begegnen der Mutter im Einkaufszentrum. Hat sie dort einen Job, Moritz also heute nur aus Eigennutz gebracht?

Vater und Großvater bringen Moritz 19:15 an der Bahn zu seiner Mutter zurück. Wieder Streit zwischen Vater und Mutter um Geld,

„mein Geld, unser Geld, 4000 Entnahme, 500 für Auto-Inspektion, Telefonrechnungen der Mutter, Heizungskosten".

Vierte Woche

Am Dienstag bringt die Mutter mittags Moritz zum Vater (allein mit einem Auto). Sie bekommt angeblich die Wohnung von Hans.

Der Vater soll die Kündigung für ihren Bruder schreiben, obwohl es ihre Aufgabe als Geschäftsführerin wäre. Sie wird es unterschreiben.

Moritz schläft beim Vater.

Am nächsten Tag ist Moritz abwechselnd beim Vater und bei den Großeltern, er schläft anschließend bei denen.

Der Vater ist dann bis Samstag arbeiten. Moritz schläft wieder bei seinen Großeltern. Am Samstag ist er bei seinem Vater.

Moritz und seine beiden Cousinen übernachten bei den Großeltern.

Moritz wird am Sonntag um 15:15 von der Mutter (mit Hans und Auto) abgeholt. Moritz will nicht mit, schreit herzzerreißend und klammert am Großvater.

Fünfte Woche

Die Mutter bringt Moritz am Dienstag um 18:30 zu den Großeltern, kündigt die Abholung für morgen statt übermorgen an. Der Großvater ist nicht einverstanden. Sie fährt dann zum Vater, um Rechnungs- und Kontounterlagen zu kopieren.

Sie kündigt ihm an, dass Moritz doch nicht in drei Wochen für vier Tage wie mal zugesagt zu ihnen kommt, weil dann ihre Eltern da sein werden und ihn betreuen.

Moritz übernachtet bei den Großeltern, der Vater arbeitet. Mittags verabredet der Großvater mit der Mutter die Abholung von Moritz für 14:30. Später ruft die Mutter an, ob Moritz bis morgen 19:30 bleiben kann.

Moritz übernachtet bei den Großeltern.

Moritz fühlt sich pudelwohl. Seine Mutter holt ihn nicht 19:30 ab, sondern ändert um 19:45 den Termin auf 20:30. Moritz ist dann wieder nicht begeistert, mit ihr mitgehen zu müssen. Sie werden gefahren in einem unbekannten Auto, der Fahrer ist nicht zu erkennen.

Der Vater ist besorgt wegen des unklaren Umgangs, der unklaren Umgebung von Moritz.

Der Großvater schreibt zur Trennung der Eltern und der Rolle des Jugendamtes eine Mail an den DKSB (Deutscher Kinderschutzbund).

Sechste Woche
Montag ist Moritz bis mittags bei seinem Vater, er übernachtet dann bei den Großeltern.

Moritz ist am nächsten Tag wechselnd bei seinem Vater und den Großeltern, er übernachtet bei seinem Vater.

DKSB in B. meldet sich beim Großvater, kündigt den Anruf einer Sozialpädagogin an.

Am Mittwoch ist Moritz wieder wechselnd bei den Großeltern und seinem Vater. Seine Mutter holt ihn dort (mit Hans) um 19 Uhr ab. Auf Wunsch des Großvaters, Moritz bereits in der Woche vor der Ankunft ihrer Eltern zu bekommen, schickt sie eine SMS „möchtet ihr Franz jetzt von Freitag bis Samstag haben?".

!!! Franz !!! sein vierter Vorname, nicht sein Rufname! Nennt sie ihn jetzt etwa so? Was soll das? Moritz tut dem Großvater sehr leid. Will sie sich ohne Rücksicht auf das Kind vom Vater und den väterlichen Großeltern abgrenzen?

Die Mutter (mit Hans) bringt Moritz wie vereinbart freitags kurz nach 18 Uhr. Moritz übernachtet bei den Großeltern.

Samstag spielt der Vater mit Moritz und dessen Cousinen bei den Großeltern.

Um 18:45 holt die Mutter (mit Hans) Moritz ab, er klammert an Vater und Großvater und schreit herzzerreißend wie immer. Er tut dem Großvater so unendlich leid und der kann nichts tun. Es tut so weh, ihn so der Mutter übergeben zu müssen.

Die Situation mit dem ständigem Wechsel jeweils nach einem oder wenigen Tagen ist sehr zerrissen für das Kind, sicher eine Belastung. Und es entspricht für Moritz ganz und gar nicht seinem bisher gewohnten Umgang überwiegend mit Vater und Großeltern.

Siebte Woche

Der Großvater ruft am Dienstag vormittags die Mutter an. Zunächst willigt sie ein. Moritz von Donnerstag bis Samstag zu bringen, allerdings erst Donnerstag Abend. Dann ruft sie zurück und will es auf Samstag beschränken, weil sie nur dann arbeitet. Der Großvater widerspricht, sie habe es nicht allein zu bestimmen und nur nach ihren Bedürfnissen (also reines Abschieben). Sie müsse sich mit dem Vater einigen und dabei müsse das Wohl des Kindes im Vordergrund stehen. Rechtens wäre halbe/halbe, also bei jedem 3-4 Tage die Woche und jeder tritt im Mittel einen Tag an die Großeltern ab. Sie meint nur kalt, wenn sie eine Wohnung gefunden hätte, käme Moritz dort in den Kindergarten und gar nicht mehr nach B....und außerdem würde das Hin und Her den Kleinen psychisch belasten und das wird ja dann alles der Richter entscheiden (??).

Der Großvater wendet ein, dass sie ja für Moritz mit ihrem Wegzug den dritten Aufenthaltsort und den ständigen Wechsel veranlasst hat, zwei Aufenthaltsorte sei er ja gewohnt gewesen.

Schließlich willigt sie doch in Donnerstag bis Samstag ein.

Die Mutter bringt Moritz am Donnerstag nicht wie verabredet um 18 Uhr, sondern erst um 19:30 ohne sich vorher zu melden.

Hans hat sie wieder gefahren, er redet den Kleinen mit Moritz an, die Mutter sagt ausschließlich Franz.

Heute Abend ist Moritz ungewöhnlich unruhig und aufgedreht und schläft erst mit den Großeltern um 23:30 ein.

Der Großvater fährt am nächsten Tag mit Moritz in die Wohnung des Vaters zu den Tieren und lässt ihn in seinem Zimmer spielen. Als Moritz später Mittagsschlaf macht, holt der Großvater den Vater von der Arbeit zu den Großeltern, er bleibt drei Stunden. Die Cousinen kommen. Moritz geht um 21 Uhr problemlos schlafen.

Moritz wacht Samstag gegen 8 Uhr auf, spielt mit den Cousinen. Die Mutter holt Moritz bei den Großeltern unangekündigt schon um 18:45 statt 19:30 ab. Der Großvater wickelt ihn gerade und zieht ihn dann um. Wie immer ist sie kaltschnäuzig und sehr streng zu ihm, verspricht ihm einen Schoko-Riegel, den sie schon an der Haustür in der Hand hält (Bestechung, damit er nicht schreit??!!). Sie stellt den Riegel dann wieder in Frage für den Fall, dass er noch einen Laut von sich gibt. So geht es heute ohne Geschrei, er war auch vorbereitet und er ist außerdem schon wieder müde.

Die Eltern der Mutter sind eine Woche in Deutschland. Vater und Großvater akzeptieren, dass Moritz dann bei denen ist, würden ihn bei Bedarf aber jederzeit gern betreuen.

Achte Woche

Am Dienstag ist der Großvater mit dem Vater beim DKSB in B. zum Gespräch mit der Sozialpädagogin. Sie scheint auf der Seite der Mutter zu stehen und verharmlost die Befürchtungen wegen der Umgebung und der Erziehung bei der Mutter.

Am Mittwoch ruft die Mutter an, kündigt Moritz für drei einzelne Tage nächste Woche an.

Die Mutter beansprucht und handhabt rechtswidrig die Aufenthaltsbestimmung allein und nach Gutdünken. Moritz, der Vater und die Großeltern sind auf ihr Wohlwollen angewiesen, es gibt keine Vereinbarungen, keine Rücksicht auf andere Termine. Moritz ist dadurch mehr bei und allein mit der Mutter als jemals zuvor.

Vater und Großvater vermuten allerdings stark, dass sie ihn immer auch zu Fremden abschiebt, denn es ist wenig glaubwürdig, dass sie jetzt mehr Lust zur Betreuung hat als vor der Trennung.

Neunte Woche

Die Mutter ruft am Vorabend an, teilt die Uhrzeit mit und bringt dann Moritz am Montag um 9:30. Der Großvater bittet sie, ihn bis morgen Abend da zu lassen, weil der Vater morgen frei hat. Sie stimmt zu. Der Großvater bringt Moritz nachmittags zum Vater, er übernachtet dort und bleibt bis zum nächsten Nachmittag dort. Sowohl zu den Großeltern als auch zum Vater kommt er immer fröhlich und ohne jeden Trennungsschmerz.

Er nennt sich morgens zunächst selbst Franz, der Großvater ist schockiert. Aber nach einer Dreiviertelstunde Ansprechen mit Moritz kehrt auch er wieder zu Moritz zurück. Der Großvater hat ein wenig Sorge, dass er von der Mutter bestraft wird, wenn er sich selbst Moritz nennt, aber sollen der Vater und Großvater deshalb den Namen Moritz aufgeben?

Der Großvater bringt ihn mittags zum Vater, er bleibt und übernachtet dort.

Die Anwältin stellt erneut den Antrag auf Aufenthalt bei dem Vater, aber leider nicht hälftig wie mit ihr vereinbart, sondern eher als erweiterten Umgang. Der Vater ist schwer enttäuscht, anscheinend hat sie nichts begriffen von den Besonderheiten dieses Falles.

Am Dienstag holt der Großvater Moritz um 14:30 beim Vater ab. Er spielt mit Moritz sehr ausgelassen und fröhlich. Der zeigt keine Reaktion als der Großvater ihm die Mama ankündigt. Nur verwendet er danach einmal den Namen Franz (er weiß also, was auf ihn zukommt). Dann will er sich nicht anziehen lassen und als es klingelt bricht er wieder in herzzerreißendes Schreien aus „nein, nein, nein, nicht zu Mama". Seine Mutter besticht ihn dann wieder mit einem gleich an der Haustür gezeigten Riegel, den sie mehrmals wieder in Frage stellt, falls er nicht sofort ruhig sein sollte. Sie nennt ihn wieder Franz. Sie befördert ihn hart und mit strengem Ton ins Auto (ihr Begleiter Hans ist freundlicher). Moritz winkt heftig als sie losfahren.

Es kommt eine Mail vom Vater der Mutter. Er verwendet den Namen Moritz (!), erwähnt den Vater von Moritz nicht, er deutet an, dass Moritz wohl eine Woche von ihnen betreut worden ist (wo?) und die Mutter ihn wohl für die ganze Zeit abgeliefert hatte. Das sollte eigentlich der Vater des Kindes wissen und dem zustimmen. Umgekehrt weiß sie ja auch immer, ob Moritz bei den Großeltern oder beim Vater ist. Anfangs hat sie ihn sogar nur ausdrücklich den Großeltern geben wollen, niemals dem Vater.

Der Großvater ruft am Donnerstag die Sozialpädagogin des DKSB an wegen des Namenswechsels von Moritz zu Franz durch die Mutter. Sie hält das nicht für problematisch, damit könne ein Kind umgehen. Das sei wie der Wechsel zwischen Rufnamen und Kosenamen.

Vater und Großvater haben da so ihre Zweifel, insbesondere weil sie auch sicher sind, dass die Mutter Druck ausübt.

Um 12:15 bringt die Mutter Moritz, sie hatte offenbar gerade ihren Termin zum Einzelgespräch beim DKSB (gerade als der Großvater dort angerufen hatte!). Sie teilt ihm mit, dass sie auf keinen Fall einen gemeinsamen Gesprächstermin mit dem Vater, wo auch immer, wahr nehmen will.

Sie ist allein mit einem unbekannten Auto da.

Der Großvater ist mit Moritz auch in der Wohnung des Vaters, Moritz übernachtet bei den Großeltern.

Die Sozialpädagogin des DKSB teilt dem Vater mit, dass die Mutter sich in dem zweistündigen Gespräch als eine liebevolle Mutter gezeigt habe (?).

Am Freitag holt die Mutter um 18 Uhr (mit Hans) Moritz ab. Obwohl er vorbereitet ist, schreit er herzzerreißend „nein, nein, nicht zu Mama", klammert sich an den Großvater, lässt sich aber von ihm fertig anziehen. Die Mutter beschimpft ihn streng und heftig auf tschechisch. Er lässt sich dann weinend vom Großvater auf ihren Arm weitergeben und ins Auto setzen. Er schreit nach Oma und Opa, die sollen mitkommen.

Die Mutter verweigert eine Aussage über einen nächsten Termin, sie würde sich irgendwann melden. Als der Großvater das nicht akzeptieren will, weil er die acht Tage von Moritz bei ihren Eltern noch ausgleichen möchte und sie das nicht allein entscheiden darf, wann sie Moritz nicht gebrauchen kann, sondern es auch danach gehen muss, wann der Vater oder die Großeltern Zeit haben, denn der Vater und sie könnten nur gemeinsam entscheiden, nicht sie allein, rastet sie total aus. Sie beschimpft die Großeltern, es ginge ihr auf den Sack, dass die sich an Stelle des Vaters einbringen, sie sollten sich nicht mehr einmischen.

Nachdem sie behauptet, der Vater frage ja gar nicht nach, wann er den Kleinen haben dürfte, erwidert der Großvater, dass sie dem Vater eine Woche auf seine SMS-Fragen keine Antwort gegeben habe. Sie nennt den Kleinen wieder Franz. Sie ist ausgesprochen schlecht gelaunt. Freude über das Kind ist ihr auf jeden Fall nicht anzumerken.

Der Vater versucht am Samstag per SMS für nächste Woche Tage mit Moritz zu vereinbaren, er möchte Dienstag bis Freitag. Die Mutter lehnt ab, sie habe Donnerstag und Freitag Termine mit Moritz.

Vater und Großvater stellen verwundert fest:

erstens hat Moritz unglaublich viele Termine für ein so kleines Kind,

zweitens hat der Vater ein Inforecht, was der Kleine für Termine hat.

Sie schlägt dann Dienstag bis Mittwoch vor und verlangt für die Zukunft eine längerfristige Anmeldung.

Daraufhin bittet der Vater um 7 Tage Aufenthalt von Moritz in 14 Tagen für einen Urlaub mit Moritz, er habe schon alle Arbeitseinsätze verschoben. Zum Inforecht und Urlaubsrecht solle sie ihre Anwältin fragen.

Sie antwortet nur mit der Gegenfrage nach den Uhrzeiten für Dienstag und Mittwoch, der Vater schlägt 9 – 19 Uhr vor.

Sie antwortet, 19 Uhr sei zu spät, weil sich „Franz" jeweils noch von der Freude, wieder bei seiner Mutter zu sein, vor dem Schlafengehen ausreichend erholen müsse!

Zehnte Woche
Am Montag suchen Vater und Großvater die Unterstützung der Anwältin.

Die kann sich nicht an den Auftrag vom September erinnern, aber der Vater habe Anspruch auf gemeinsamen Urlaub, ja!! Notfalls durch richterliche Anordnung.

Die Mutter teilt mit, der Vater solle Moritz morgen früh in W. abholen.

Dann möchte der Vater aber die Übergabe schon um 8 Uhr statt 9 Uhr wegen Terminen, er hat um 8 Uhr einen Gesprächstermin bei der Sozialpädagogin des DKSB in B., den er nicht absagen möchte. Die Mutter reagiert nicht. Bedeutet das nun Ablehnung oder Zustimmung? Das sieht ja fast nach Sabotage der Mutter aus, kennt sie seinen Termin?

Vater und Großvater hatten seit der Trennung bei vielen Gelegenheiten den Eindruck, dass die Mutter Kenntnis von Dingen hatte, die der Großvater mit dem Vater am Telefon besprochen hatte. Irgendwie konnten ihre oft direkt passenden Reaktionen nicht so oft Zufall sein. Aber Vater und Großvater verwarfen den Verdacht, abgehört zu werden, immer wieder, da beide keine Anhänger von Verschwörungstheorien sind.

Allerdings hatte ein sehr guter Bekannter der Mutter kurz vor der Trennung die gesamte Elektrik des Hauses „überprüft"!

Der Großvater fährt am Dienstag früh zu 8 Uhr mit dem Vater zur vereinbarten Bahnstation in W.

Niemand ist zu sehen.

Telefonat und SMS mit der Mutter.

Sie besteht auf einer Übergabe erst um 9 Uhr. Der Vater weist auf seinen Termin um 8 Uhr hin und verlangt die Adresse der Mutter, die sie ihm eigentlich nicht vorenthalten sollte, damit er den Aufenthaltsort des Kindes kennt. Sie und Moritz seien ja angeblich umgemeldet, was eigentlich nicht geht ohne seine Zustimmung. Sie gibt die Adresse per SMS. Es ist die Wohnung des gemeinsamen Bekannten Hans. Es gibt einen kurzen Streit zwischen Mutter und Vater an der Wohnungstür, Moritz will zu seinem Vater, die Mutter schimpft und drängt Moritz zurück, knallt die Tür zu.

Der Vater telefoniert mit der Sozialpädagogin, kündigt seine Verspätung an und fragt um Rat. Die meint, man könne da nichts machen, Eltern müssen sich allein einigen. Also warten Vater und Großvater eine Stunde im Auto. Um 9 Uhr holt der Vater dann Moritz ab, der fröhlich auf seinem Arm mitkommt.

Der Großvater fährt den Vater und Moritz zum DKSB.

Moritz bekommt dort Spielsachen (dieselben wie beim Gespräch mit seiner Mutter!!). Der Vater macht die Bemerkung, dass es besser gewesen wäre, in beiden Fällen keine Spielsachen zu geben, damit die Elternteile wirklich zur Beschäftigung mit Moritz gefordert gewesen wären. Das hätte er erwartet.

Der Großvater bringt Moritz und seinen Vater dann zu ihrer Wohnung.

Der Vater hat einen Brief von der Gegen-Anwältin erhalten mit einer Zahlungsaufforderung über 2400 € als Unterhalt für 3 Monate. Er ärgert sich über die Tatenlosigkeit und falschen Antworten seiner Anwältin, fühlt sich nicht wirklich vertreten.

Der Großvater fährt am Mittwoch vormittags zu Moritz und seinem Vater, spielt mit Moritz, der Vater telefoniert mit seiner Anwältin, findet kaum Unterstützung für seine Sicht.

Der Großvater nimmt Kontakt zu einem anderen Anwalt in W. auf, um eine weitere Meinung einzuholen und eventuell sich mindestens wegen Umgang mit den Großeltern vertreten zu lassen.

Moritz wird um 18 Uhr von der Mutter (mit Hans) bei seinem Vater abgeholt, Moritz schläft auf seinem Arm,

Übergabe dadurch wenig spektakulär, aber Moritz schreit dann im Auto doch noch. Die Mutter „verrät", dass sie nächsten Monat durchgehend arbeitet, Moritz sei dann bei einer Freundin!!?

Das geht eigentlich so nicht ohne die Zustimmung des Vaters. Der hätte Vorrang, Moritz zu betreuen, wenn die Mutter keine Zeit hat. Bei Bedarf müssten sie gemeinsam eine andere Lösung suchen. Eine einseitige Übertragung der Betreuung an Dritte ist nicht in Ordnung.

Die Mutter will sich zum geplanten Urlaub von Moritz mit seinem Vater erst morgen äußern.

Die Anwältin des Vaters hat ein sehr deutliches Schreiben (endlich gemäß den Wünschen des Vaters) rausgeschickt. Sie stellt einen Urlaubsantrag für eine Woche in 14 Tagen, fordert die Offenlegung des Einkommens der Mutter in den letzten drei Jahren bis Ende dieses Monats.

Donnerstag nachmittags geht der Großvater mit dem Vater zum Einwohnermeldeamt. Sie erfahren, dass Moritz umgemeldet wurde nach W. ohne Zustimmung des Vaters und dass ihm deshalb hier kein neuer Pass für Moritz ausgestellt werden kann. Der Vater telefoniert mit seiner Anwältin, die daraufhin von der Gegenseite eine Zusage zu diesem Urlaub und die Aushändigung von Moritz Pass bis Montag Mittag verlangt, sonst ergehe ein gerichtliches Eilverfahren.

Der Großvater hat freitags ein Gespräch mit dem weiteren Anwalt in W., durch den er sich aber nicht verstanden und vertreten fühlt.

Seine Ausführungen:

Natürlich dürfe ein Partner wegziehen, wenn die Ehe nicht klappt, er darf aber nicht allein entscheiden, die Kinder mitzunehmen. Aber das stände eben nur auf dem Papier und sei nicht durchsetzbar. Eigentlich muss man sich zu dem Zeitpunkt bereits einvernehmlich einigen (gemeinsam beim Jugendamt).

Jetzt ist es wie es ist, der Kleine ist bei der Mutter, vollendete Tatsachen kann man nicht zurückdrehen, da würde sich kein Richter darauf einlassen.

Eine richterliche Entscheidung kann 3-4 Jahre dauern, ein psychologisches Gutachten würde 5000 € kosten.

Der Vater kann nicht Gleiches mit Gleichem vergelten, es ist zu spät! Der Richter würde nur betrachten, was nach dem Wegzug war. Der Vater muss also durch Arbeit Einkommen erwirtschaften und Unterhalt für das Kind zahlen, umgekehrt gelte das nicht. Es spiele keine Rolle, wie die Situation vor dem Auszug war.

Die Mutter darf nach dem Gesetz zwar nicht allein bestimmen, aber man kann eine einvernehmliche Absprache eben nicht erzwingen.

Eigentlich muss die Kindergarten-Anmeldung einvernehmlich erfolgen, aber wenn der Kindergarten es nicht verlangt, kann die Mutter Moritz in W. anmelden, damit wäre die Anmeldung in B. hinfällig.

Etwas verwundert ist der Anwalt aber doch darüber, dass es auch nach 2 Monaten noch keine offizielle Anschrift von Mutter und Kind gibt.

Wer zuerst gerichtlich vorgeht, der hat die Streitsituation, auch zuungunsten des Kindeswohls, verstärkt/verhärtet, darum bekommt eher der andere Partner das Sorgerecht, weil er um Ausgleich bemüht sei. (Wer sich zuerst bewegt, der verliert).

Die Aufteilung der Betreuung im Wechsel ist wohl immer wochenbezogen mit festen Tagen (sonst gäbe es nur fortlaufend Streit), also abwechselnd 7 Tage oder 3:4 mit festen Wochentagen. Schon bei kleinem Unterschied muss der Elternteil mit weniger Tagen dem anderen vollen, nicht nur anteiligen Kindesunterhalt zahlen.

Der jeweils Betreuende muss das Kind zu dem einen Kindergarten bringen und es dort holen, auch an den Tagen wo das Kind bei ihm ist, einen ständigen Kindergartenwechsel würde man dem Kind nicht zumuten, wenn der Kindergarten denn überhaupt mitmachen würde.

Die Gleichbehandlung von Vater und Mutter ist in der Gesellschaft noch nicht angekommen.

Die Sorge um Erziehungsverhalten (Schläge, Liebesentzug) sollte man nicht verwenden, denn Richter werten das nur als Meinungsverschiedenheit zu Lasten des Kindes, wer das vorbringt verliert.

Beim Umgangsrecht mit Großeltern werde von dem jeweiligen Partner erwartet, dass er mit seinen Betreuungstagen auch den Umgang des Kindes mit den Großeltern erfüllt, den anderen Partner muss das nicht kümmern. Umgekehrt darf jeder seine Eltern einbeziehen, ein Vorwurf „Du hast ja keine Zeit für die Betreuung" ist nicht zulässig. Eine Betreuung wird nur zwischen den Elternteilen geregelt, deshalb auch der Interessenkonflikt beim Umgang mit den Großeltern.

Auch dieser Anwalt würde den Vater und den Großvater deshalb nicht gemeinsam vertreten.

Rückblickend ist noch einmal festzustellen:

Von der Geburt bis zur Trennung ist Moritz ein Drittel seiner Zeit bei den Großeltern väterlicherseits, der Großvater ist für ihn eine besonders wichtige Bezugsperson.

Zwei Drittel seiner Zeit ist Moritz bei den Eltern, wird dabei überwiegend vom Vater versorgt.

Der Aufenthaltswechsel zwischen Eltern und Großeltern erfolgte jeweils nach einem bis wenigen Tagen für einen bis wenige Tage.

Das kann etwa wie folgt im Mittel zeitlich abgebildet werden:
Aufenthalt: ein Drittel bei den Großeltern, zwei Drittel bei den Eltern
Betreuung: ein Drittel durch die Großeltern, zur Hälfte durch den Vater, ein Sechstel durch die Mutter.

Die Mutter hat sich von der Geburt bis zur Trennung kaum um das Kind gekümmert und auch die Erwerbsarbeit zunehmend schleifen lassen, sich also aus Familie und Beruf zunehmend zugunsten ihrer eigenen Freizeit zurückgezogen, obwohl Betreuung und Erwerb hälftig vereinbart waren.
Während der Vater bei seiner Anwesenheit immer Moritz betreut hat, hat die Mutter ihn häufig auch bei den Großeltern abgeliefert, nur um Freizeit für sich zu haben.

Nach der Trennung haben sowohl die Mutter als auch der Vater bei Berufstätigkeit die Großeltern väterlicherseits für die Betreuung des Kindes einbezogen. Auch hier erfolgte der Aufenthaltswechsel jeweils nach einem bis wenigen Tagen für einen bis wenige Tage, wobei die Mutter zunächst versuchte, den Vater nicht in Moritz Betreuung einzubeziehen, dann nach einigen Wochen die Großeltern außen vor lassen wollte.

Das kann etwa wie folgt im Mittel zeitlich abgebildet werden:
Aufenthalt: je ein Drittel bei den Großeltern, beim Vater und bei der Mutter
Betreuung: je ein Drittel durch die Großeltern, den Vater und die Mutter.
Dadurch nahmen also nach der Trennung die Betreuung und der Aufenthalt von Moritz beim Vater ab, der Auf-

enthalt bei der Mutter und die Betreuung allein durch die Mutter zu.

Dabei ist allerdings zu vermuten, dass sie fremde Dritte mit einbezogen hat und Moritz nicht wirklich mehr um sich hat und betreut als vor der Trennung.

Begleitet war das durch das anmaßende Verhalten der Mutter, Moritz aus seiner gewohnten Umgebung und seinem gewohnten Umgang herauszureißen, rechtswidrig alles allein zu bestimmen, Moritz zunächst den Vater und dann die Großeltern vorzuenthalten. Eigentlich sollte das Wohl des Kindes im Vordergrund stehen, das mit Sicherheit unter diesem Verhalten der Mutter und dem jetzt selteneren Zusammensein mit Vater und Großeltern leidet.

Es ist nicht nachvollziehbar, warum die Mutter Moritz bei sich und das alleinige Aufenthaltsbestimmungsrecht haben will, obwohl sie sich eigentlich nie wirklich für ihn interessiert hat und er ihr eigentlich eher lästig ist.

Also warum?

Gerichtsentscheid und Jugendamt

Der Vater möchte mit Moritz Urlaub in Spanien machen, dort mit ihm ein bekanntes Ehepaar besuchen. Die Mutter will den Pass nicht herausgeben.

Am Samstag bekommt der Vater auf seine Mail Antwort von dem Anwalt aus K. (ehemaliger Familienrichter), der sich besonders um die Gleichbehandlung der Väter bemüht und die Arbeitsweise gutachtender Psychologen kritisiert.

Der Großvater recherchiert wieder einmal alle Begriffe um das Thema „Trennung" im Internet und versucht vergeblich, die Mutter telefonisch zu erreichen wegen Umgang mit Moritz nächste Woche.

Auch am Sonntag erreicht er die Mutter nicht, schickt ihr eine SMS „Wir möchten Moritz gern diese Woche zwei Tage mal wieder bei uns haben. Machst Du bitte einen Vorschlag".

Es kommt die SMS Antwort „Franz ist nächste Woche bei seinem Vater...".

Die Gegenfrage „meine Frage war, wann Moritz diese Woche zu uns kommen kann, nicht wo er nächste Woche sein wird".

Auf Grund von „Verplauderungen" der Mutter vermuten der Vater und der Großvater, dass die Mutter demnächst sechs Tage die Woche arbeitet und Moritz in der Zeit auch über Nacht bei einer Freundin unterbringt und dann jeweils mindestens sechs Tage keinen Kontakt mit ihm hat. Wir halten das für rechtswidrig. Erstens muss Der Vater der Unterbringung auch zustimmen, zweitens müsste er zuerst gefragt werden, ob er Moritz in der Zeit betreuen will und kann. Der Vater hat absoluten Vorrang vor dritten Personen zu haben, insbesondere bei so langen Aufenthalten.

Offensichtlich geht es der Mutter nicht in erster Linie um das Wohl des Kindes, sondern um „Verletzung / Bestrafung" des Vaters.

Der Großvater schickt eine weitere SMS an die Mutter „ich vermisse noch eine Antwort wegen Besuch von Moritz". Es erfolgt keine Reaktion.

Elfte Woche
Die Mutter meldet sich auch am Montag nicht.
Der Vater bekommt einen Anruf vom Jugendamt in W., dass Die Mutter zu einem Gespräch dort bereit wäre (der zuständige Mitarbeiter ist ein Mann!). Er spricht von „Moritz Franz".
Der Vater lehnt ein solches Gespräch ab, weil er damit akzeptieren würde, dass Moritz in W. gemeldet ist. Er möchte deshalb ein solches Gespräch beim Jugendamt in B., der Jugendamtmitarbeiter akzeptiert das und bietet an, dann auch dabei zu sein. Er will mit dem Jugendamt in B. Kontakt aufnehmen.

Am Dienstag geht der Großvater mit dem Vater zur Anwältin, sie stellt einen Eilantrag mit eidesstattlicher Erklärung wegen Urlaub mit Moritz und Herausgabe seines Passes
Doch das Gericht in B. (bisher nach wie vor der rechtmäßige Wohnort von Moritz) erklärt sich als nicht zuständig, da die Mutter mit dem Kind nach W. weggezogen sei. Deshalb müsse der Antrag in W. gestellt werden!!
Die Anwältin nimmt telefonischen Kontakt mit der Gegenanwältin auf, die ihr zugesteht, auch Probleme mit der Mutter zu haben. Sie vereinbaren, dass der Vater mit der Mutter heute eine Übergabe von Moritz vereinbart.

Die Mutter sagt dann am Telefon zu, dass sie Moritz am Freitag bringen wird, ob mit dem Pass, das werde der Vater ja dann schon sehen.

Für Vater und Großvater stellen sich die Fragen:
Wenn es in dem Streit der Elternteile im wesentlichen auch um den Aufenthalt geht, der bisher hälftig war, kann dann das Gericht wirklich zugunsten der unbekannt verzogenen Mutter entscheiden, nicht zuständig zu sein?
Wer entscheidet, welches Gericht zuständig ist?
Der Vater und der Großvater neigen dazu, den Eilantrag nicht noch einmal beim anderen Gericht zu stellen, auch um damit nicht die Zuständigkeit in W. anzuerkennen als Lebensmittelpunkt von Moritz. Sie wollen einfach hoffen, dass die Mutter „einsichtig" ist.

Am Mittwoch hat die Anwältin noch einmal telefonischen Kontakt mit der Gegenanwältin. Sie einigen sich darauf, dass die Mutter überzeugt werden soll, dass sie sich schadet, wenn sie den Pass von Moritz nicht raus gibt.
Seit gestern gibt es wenigstens ihre mündliche Zusage, dass sie Moritz am Freitag zu einer noch unbekannten Uhrzeit an den Vater für einen achttägigen Urlaub übergibt.
Am Freitag um 8 Uhr ruft die Mutter den Vater an, er könne Moritz um10 Uhr bei Hans (!!!) abholen, sie sei arbeiten, den Pass habe sie nicht gefunden und kann ihn also nicht übergeben.

Der Vater verlangt ein Treffen mit ihr und Moritz beim Einwohnermeldeamt in B. für die Erstellung eines neuen Passes, sie solle um 10 Uhr dort sein. Der Großvater sucht und erstellt am PC ein biometrisches Foto von Moritz in richtiger Größe

Die Mutter erwidert, das Einwohnermeldeamt in W. sei zuständig, weil sie Moritz umgemeldet habe, der Vater sollte sofort kommen. Sie stellt die Bedingung, sie würde nur kommen, wenn sie anschließend zu ihrem Arbeitsplatz gefahren wird.

Der Großvater fährt also mit dem Vater nach W. Die Mutter lässt sie eine Viertelstunde vor dem Haus warten (obwohl sie es doch angeblich eilig hat). Man hört Moritz mehrfach „Papa" jubeln und die Mutter zornig schimpfen.

Mit der Mutter und Moritz fahren sie zum Einwohnermeldeamt in W. Während der gut halbstündigen Bearbeitung ist die Mutter überwiegend draußen, raucht ständig und telefoniert. Ihre Miene verfinstert sich zunehmend.

Die Fragen der Mutter nach dem genauen Aufenthaltsort im Urlaub bleiben unbeantwortet, denn von ihr war ja auch nichts über Moritz Aufenthalt in den letzten drei Monaten bekannt. So kennt sie nur das pauschale Urlaubsziel Spanien, das reicht.

Die Bearbeiterin stellt die unterschiedliche Anmeldung des Vaters und von Mutter und Moritz fest. Sie müsse deswegen die Unterlagen in B. anfordern. Der Vater erklärt, dass er sofort hier und heute eine Lösung braucht.

Die Mitarbeiterin fragt nach einer Geburtsurkunde von Moritz, die der Vater glücklicherweise hat nachmachen lassen. Die Mutter ist sehr erstaunt. Als nächstes fragt Die Mutter lauernd nach Fotomöglichkeiten in der Nähe. Der Großvater zieht die Fotos raus, die Bearbeiterin hält die Fotos für brauchbar und macht sich an die Arbeit. Die Mutter ist zunehmend schlechter gelaunt und wütend, offensichtlich weil sie die Passerstellung nicht verhindern kann. Gekrönt wird das Ganze durch den aufklärenden Hinweis, dass der alte Pass damit ungültig ist und nicht mehr verwendet werden darf. Auch damit hatte die Mutter offenbar nicht gerechnet. Ihr Zurückhalten des Passes war damit also sinnlos.

Vater und Großvater fahren die Mutter zum Arbeitsplatz, ihr Einsatz wurde zwischenzeitlich telefonisch abgesagt, sie muss nur die Kleidung abgeben.

Die Mutter verlangt, dass der Vater eine Liste mit dem Inhalt von Moritz Reisetasche unterschreibt. Der Vater überprüft den Inhalt und unterschreibt, anschließend während der Fahrt verändert die Mutter die Liste. Sie behält diese Liste, der Vater hat keine Kopie.

Am Sonntag bringt der Großvater den Vater und Moritz zum Flughafen, sie fliegen nach Spanien.

Zwölfte Woche

Die Anwältin des Vaters ist krank, der Großvater vereinbart auf Wunsch des Vaters mit ihrer Vertretung für Freitag einen Gesprächstermin für sich.

Am Donnerstag rufen der Vater und Moritz nachmittags aus Spanien an.

Am Freitag nimmt der Großvater den vereinbarten Termin bei der Anwältin wahr.

Er vereinbart mit ihr ein Schreiben an die Gegenseite mit den Forderungen:

Übergabe von Moritz an die Mutter frühestens am Montag wegen sehr später Rückkehr der beiden am Sonntag Abend.

Aufenthalt beim Vater, wenn die Mutter arbeitet.

Der Vater ist mit der Betreuung durch fremde Dritte nicht einverstanden.

Aufforderung zu einvernehmlicher Regelung des Aufenthalts von Moritz ab Arbeitsbeginn der Mutter in drei Wochen mit Stellungnahme bis in 8 Tagen.

Am Sonntag Abend holt der Großvater den Vater und Moritz vom Flughafen ab.
Der Vater teilt der Mutter per SMS mit, dass Moritz aus mehreren Gründen frühestens morgen zu ihr kommt.
Sie wollte bisher nie eine Übergabe an sie nach 18 Uhr.
Sie hat den Vater unterschreiben lassen, dass alle Sachen im vorherigen Zustand zurückkommen müssen, also muss er die noch waschen.
Außerdem möchte er mit dem Jungen wegen weiterhin entzündeter Wange vor der Übergabe sicherheitshalber zum Arzt.

Dreizehnte Woche
Am Montag vereinbart der Vater für Moritz einen Hautarzt-Termin am Mittwoch, eher ist nicht möglich.
Der Vater telefoniert mit der Jugendamtmitarbeiterin in D. und erfährt von einem geplanten Gesprächstermin in sieben Wochen in B. zusammen mit dem Jugendamtmitarbeiter aus W. und der Mutter.
Der Vater telefoniert mit dem Anwalt in K. wegen der Betreuung durch Fremde, dem Arzttermin erst am Mittwoch und der von ihm gesehenen Gefahr der Verbringung von Moritz nach Tschechien. Der Anwalt schlägt Rücksprache und Eilantrag beim Amtsgericht vor. Vater und Großvater sollen schon morgen zu ihm kommen.
Am Amtsgericht bekommt der Vater indirekt und unverbindlich nach interner Rückfrage bei einem Familienrichter die Auskunft, dass es kein Problem sei, wenn der

Vater Moritz zunächst behält. Aber ein Eilantrag in der Sache wird nicht angenommen.

Der Vater bekommt noch telefonischen Kontakt mit dem Mitarbeiter des Jugendamtes in W., auch der sieht kein Problem.

Abends stehen die Mutter und Hans bei dem Vater vor der Tür, als der Großvater den Vater und Moritz heimfährt. Nur der Vater steigt dann aus, Moritz bleibt im Auto. Die Mutter macht keinen Versuch, mit Moritz Kontakt aufzunehmen, grüßt nicht, ruft nicht, geht nicht zum Auto.

Die Mutter will Moritz mitnehmen, gibt aber keine Begründung, warum er nicht beim Vater bleiben kann, kann ihrerseits aber nicht entkräften, dass sie arbeitet und ihn nicht betreuen kann. Sie will den Termin und Namen des Hautarztes. Der Vater sagt vor Zeugen „Mittwoch 11:30 bei O."

Sie teilt zum ersten mal mit, dass ihre Mutter aus Tschechien da sei, Moritz zu betreuen, wenn sie arbeitet. Der Vater pocht auf Vorrang der Betreuung durch ihn, außerdem will er den Arztbesuch am Mittwoch wahrnehmen. Die Mutter hat nie mitgeteilt, wann und wo sich Moritz aufhält, außer pauschal er hätte Termine(!), sie will aber immer exakt auf die Minute wissen, wann und wo sich Moritz aufhält mit dem Vater. Sie akzeptiert die Tatsache des gemeinsamen Sorgerechts nicht, der Vater akzeptiert nicht die Betreuung durch Dritte. Es ist keine einvernehmliche Einigung möglich. Vater und Moritz fahren mit dem Großvater heim und übernachten beide bei den Großeltern.

Am Dienstag fährt der Großvater mit dem Vater und Moritz zum Anwalt nach K.

Der übernimmt das Mandat. Er wird sofort einen Eilantrag stellen zur Aufenthaltsbestimmung durch den

Vater wegen Arbeitsverpflichtungen der Mutter, die Betreuung durch deren Mutter nicht akzeptabel ist, und es bestände Eile wegen Gefahr der Verbringung nach Tschechien.

Er hält die Institutionen in B. für zuständig.

Gleich anschließend will er ein Hauptverfahren über das alleinige Aufenthaltsbestimmungsrecht für den Vater beantragen.

Auf der Rückfahrt kommt sein Schriftsatz schon per Mail. Allerdings auch eine Mail von der bisherigen Anwältin, dass die Mutter die Anwältin gewechselt hat und die einen Eilantrag gestellt hat in W. auf Herausgabe von Moritz an die Mutter. Diese Gleichzeitigkeit ist schon erstaunlich. Umso besser, dass das Gespräch mit dem neuen Anwalt gerade heute stattgefunden hat.

Der Vater schickt sofort eine Mail an die Mutter:

„So, ich möchte auf keinen Fall deine dir sehr wichtigen neuen Regeln brechen:

1. Nach 18.00 Uhr ist eine Übergabe von Moritz zu spät für ihn.

2. Übergabe kann erst nach einem ausgleblgen von Ihm zeitlich bestimmten Frühstück erfolgen.

3. Übergabe kann nur an den zuvor Betreuenden erfolgen (in diesem Fall also du).

4. Er darf ohne Zustimmung nicht an Dritte weitergegeben werden (wie du es mir mit meinen Eltern untersagtest)

Desweiteren gibt es noch 2 Punkte:

1. Du hast mich gezwungen einen Zettel zu unterschreiben die entliehene Kleidung im ausgelieferten Zustand mit zurückzugeben.

Das werde ich heute abend kaum vollständig schaffen können.

2. Nachdem du angeblich seit 2 Wochen seine sehr

schlimm gerötete und pustelige Haut an Wangen und
Nase nicht bemerkt haben willst, wie du auf Nachfrage
meinerseits antwortetest, fühle ich mich, obgleich die
Rötung in der Urlaubswoche durch viel Frischluft und
Bewegung auf Spielplätzen und in Parks sichtbar nach-
ließ, als Sorgeberechtigter, der im Moment den Umgang
ausübt dazu veranlasst mit Moritz einen Termin beim ent-
sprechenden Arzt schnellstmöglich wahrzunehmen".

Es folgen mehrere Telefonate zwischen Mutter und
Vater. Der Vater verweigert dann die Herausgabe von
Moritz auch wegen des laufendem Eilantrags der Mutter.
Am Mittwoch fahren wir auf Anraten des Anwalts zum
Einwohnermeldeamt in W.
Nach langen Diskussionen wird ein Antrag zur Rück-
wandlung von Moritz Anmeldung entgegengenommen,
aber es könne Tage dauern, bis das mit dem Einwohner-
meldeamt in B. geregelt ist.
Anschließend geht der Vater deutlich vor der verein-
barten Uhrzeit mit Moritz zum Hautarzt in B. und kommt
auch gleich dran.
Der Hautarzt hat für den Ausschlag auf Moritz rechter
Wange eine fettarme Salbe verschrieben, die nur sehr
dünn, auf jeden Fall nur gegen Kälte bei längerem
Außenaufenthalt aufgetragen werden soll. Es darf auf
keinen Fall eine Fettsalbe verwendet werden. Als mögliche Ursachen hat er genannt entweder eine allergische
Reaktion auf etwas im Umfeld der Mutter oder Stress bei
der Mutter. Falls der Ausschlag nicht konstant behandelt
und beendet wird, könne er chronisch werden.
Der Vater kündigt das Mandat seiner Anwältin, bekommt
zeitgleich von ihr die Mitteilung, dass für Freitag ein
Termin zum Eilantrag der Mutter in W. anberaumt ist.

Der Anwalt des Vaters lehnt den Termin und die Zuständigkeit des Gerichts in W. ab.

Der Termin sei zu kurzfristig, da er nur eine Woche Zeit für seine Stellungnahme habe und er diese Woche wegen anderer Termine nicht dazu kommt. Außerdem müsse die Zuständigkeit des Gerichts in B. geprüft werden, weil
Moritz sich dort derzeit beim Vater aufhält,
es der gemeinsame Wohnsitz war,
der allgemeine Aufenthalt des Kindes üblich erst nach sechs Monaten Trennung bestimmt wird,
sein Eilantrag gestern von ihm in B. gestellt wurde.

Am Donnerstag stellt das Gericht in W. seine Zuständigkeit fest, die Parteien haben eine Woche Gelegenheit zur Stellungnahme.

Am Freitag ruft der Jugendamtmitarbeiter aus W. an wegen Umgangsrecht der Mutter. Die Mutter hat selbst bisher nicht nachgefragt. Der Vater bietet der Mutter an, dass sie Moritz am Sonntag besuchen kann. Sie reagiert nicht.

Am nächsten Morgen, Samstag, ruft die Mutter den Vater um 9 Uhr an, dass sie um 9:30 kommt, Moritz zu besuchen. Sie kommt dann mit ihrer Mutter um 9:50, daraufhin bleibt der Großvater auch.

Moritz ist sehr erstaunt und begrüßt die beiden sehr zurückhaltend, kein Jubel, aber er sagt lächelnd „Mama" und umarmt sie. Die Mutter und ihre Mutter „beschäftigen" sich zwei Stunden mit Moritz. In beide Richtungen kommt keine Herzlichkeit auf. Die Mutter nimmt die Gelegenheit wahr und nimmt wieder Dinge aus der Wohnung des Vaters mit, missbraucht also den Besuch bei Moritz für eigene Interessen.

Darauf angesprochen, dass sie dem Vater seine Sachen zurückgeben will, wenn sie wieder eine feste Wohnung hat, vertröstet sie ihn mit „wenn ich mal dazu komme, die Kartons auszupacken". Sie will detailliert wissen, wann Moritz nachts und mittags schläft. Ganz abgesehen davon, dass der jeweilige Betreuer das bestimmt, sie selbst sich an solche Regeln niemals halten würde, ist Moritz inzwischen alt genug, einen eigenen Willen zu haben und haben zu dürfen. Die Forderung ist also albern. Sie verlangt die Herausgabe von Moritz am nächsten Dienstag. Der Vater verweigert das wegen des laufendem Verfahrens und bietet einen Besuch am Dienstag an. Möglicherweise reist die Mutter der Mutter morgen oder am Dienstag wieder ab, die Mitnahmegefahr ist also noch nicht gebannt.

Als die Mutter von Moritz ihn anspricht, ob er nicht zu ihr wolle, zählt er Namen aus Spanien auf. Der Abschied ist von Moritz Seite kühl, er winkt beiden mechanisch kurz zu, sagt „Opa bleiben" und versteckt dann seinen Kopf im Katzenbaum. Erst als die beiden raus sind, taucht er wieder auf, ohne noch mal hinterher zu schauen.

Der Großvater holt nachmittags den Vater und Moritz zu den Großeltern, die Schwester des Vaters bringt die beiden Cousinen. Die drei Kinder spielen wieder einmal begeistert und ausgelassen miteinander.

Vierzehnte Woche
Der Großvater spielt vormittags beim Vater mit Moritz, der Vater arbeitet währenddessen im Büro.

Bis einschließlich Dienstag meldet sich die Mutter nicht wegen eines Besuchs bei Moritz.

Am Mittwoch fragt die Mutter per Mail an (in einer für sie nicht üblichen Sprache und Schreibweise), ob sie „Franz" von Freitag bis Sonntag haben kann.

Der Vater möchte vor einer Zusage einen Kommentar von seinem Anwalt abwarten wegen der Befürchtung, dass Moritz am Sonntag dann nicht zum Vater zurück kommt, andererseits will sie bei Ablehnung den Vater vielleicht damit vorführen vor Gericht.

Noch haben beide das Aufenthaltsbestimmungsrecht gemeinsam, sie kann es so wahr nehmen wie der Vater, andererseits beinhaltet der Eilantrag des Anwalts gerade, dass eine Übergabe an sie vor Gerichtsbeschluss nicht in Frage kommen kann. Eine Übergabe von Moritz an die Mutter würde den Eilantrag inhaltlich hinfällig machen. Die Frage ist nur, ob das Gericht diese Formalien überhaupt betrachtet oder einfach feststellt, der Vater habe aus Sicht des Kindeswohls falsch gehandelt und damit verloren. Eine dramatische Situation.

Am nächsten Tag, Donnerstag meldet sich der Anwalt abends noch per Mail beim Vater, dass er Moritz nicht an die Mutter übergeben soll.

Die nächsten zwei Tage spielt der Großvater viel mit Moritz, damit der Vater seine Büroarbeiten erledigen kann.

Am Sonntag kommen der Vater und Moritz mit zur Geburtstagsparty seiner jüngeren Cousine. Der Großvater bringt die beiden dann wieder heim.

Fünfzehnte Woche

Am Montag spielt der Großvater wieder mit Moritz, der Vater ist im Büro oder macht Behördengänge. Der Großvater holt mit Moritz den Vater beim Bahnhof ab. Moritz fühlt sich am Bahnhof sichtlich unwohl, ist hellwach, meint immer wieder „weiterfahren", ist erst entspannt, als sein Vater einsteigt und sie wegfahren (hat er Angst, dass die Mama kommt?).

Moritz ist jetzt seit drei Wochen bei seinem Vater, es gibt weiterhin keine Anfragen von der Mutter, Moritz zu besuchen.

Heute kommt die Ladung zum Amtsgerichtstermin in W. für nächsten Montag.

Der Vater soll Moritz und eine Begleitperson mitbringen. Moritz übernachtet bei den Großeltern, weil der Vater am nächsten Morgen frühzeitig arbeitet. Nachts kommt eine SMS-Anfrage von der Mutter, ob sie Franz von morgen, Donnerstag vormittags bis Sonntag nachmittags haben kann. Der Vater lehnt ab, bietet Besuch an.

Moritz ist jetzt meistens ohne Windeln bei den Groß-eltern wie beim Vater. Er geht erfolgreich aufs Töpfchen. Nachmittags bringt der Großvater Moritz heim zum Vater.

Die nächsten drei Nächte schläft Moritz bei den Groß-eltern, ist aber tagsüber bei seinem Vater.

Von Samstag auf Sonntag sind auch die beiden Enkelinnen bei den Großeltern. Am Sonntag bringt der Großvater alle drei heim.

Sechzehnte Woche ab Trennung, Gerichtsentscheidung
Der Großvater fährt am Montag mit dem Vater und Moritz nach W. Sie holen ihren Anwalt vom Bahnhof ab und fahren zum Amtsgericht. Die Mutter mit Hans, ihre Mutter und ihre Anwältin sind bereits da. Die Ver-handlung dauert anderthalb Stunden, der Anwalt des Vaters legt erst heute seine Stellungnahme vor, die ist also erst ab jetzt Teil der Akten. Die Verfahrensbeistands-Anwältin ist nicht zum Termin anwesend.

Das Gericht weist ein Wechselmodell wöchentlich an, ab nächsten Sonntag 11 Uhr, mindestens bis zum geplanten Jugendamt-Termin in fünf Wochen. Dem Großvater fällt ein Stein vom Herzen.
Das Jugendamt soll in dann nachfolgenden Terminen eine Einigung zwischen den beiden Elternteilen moderieren. Einerseits mit einem Psychologen die Einigungsbereitschaft trainieren, andererseits ein Gespräch über das Wohl des Kindes moderieren.
Die Mutter und ihre Anwältin sind sofort nach der Verhandlung verschwunden, auch Hans weiß nicht, wo sie sind. Die Mutter verabschiedet sich also nicht von ihrem Kind.

Am Samstag kommt das Gerichtsprotokoll, beigelegt ein unmöglicher Brief von Moritz Verfahrensbeistands-Anwältin. Sie bezieht sich auf die Aktenlage, die zum Zeitpunkt ihrer Stellungnahme nur die Sicht der Mutter darstellte.
Hier der Kommentar des Großvaters zur *Stellungnahme* der Verfahrensbeistandschaft von Moritz

Kursiv die Zitate (ohne Korrektur der vielen Schreibfehler) aus der Stellungnahme der Verfahrensbeistandschaft.
Die Schreib- und Formulierungsfehler sprechen nicht für eine ordentliche Bearbeitung des Falles.

Moritz ist erst 2 Jahre alt, insoweit erkläre ich mich zunächst nach Lage der Akten:
Es wird anscheinend vorausgesetzt, dass eine Befragung des Kindes in dem Alter nicht möglich ist, trotzdem könnten doch wohl beide Seiten angehört werden.

Offensichtlich wird aus dem zum Zeitpunkt der Verhandlung vorliegenden Akten bestenfalls der Antrag der Anwältin der Mutter herangezogen. Die restlichen Unterlagen wie der Eilantrag des Anwalts des Vaters sowie meine Aufzeichnungen sowie der Verhandlungsverlauf haben offenbar keine Berücksichtigung gefunden. Insofern ist die Darstellung nach „Aktenlage" unvollständig, falsch und einseitig. Insofern ist auch die wiederholte Bemerkung „wurde nicht vorgetragen" voreilig bis falsch, denn die Stellungnahme (Datum des Verhandlungstages) wurde ohne Kenntnis der Verhandlung geschrieben. Die Verfahrensbeistandschaft hat nur die Sicht der Mutter berücksichtigt, möglicherweise die Stellungnahme eines Standardfalles abgeschrieben. Da also die besonderen Umstände des Falles, hälftige Betreuung und hälftige Erwerbsarbeit und ein Drittel der Betreuung durch die Großeltern väterlicherseits, auch noch nach der Trennung, und die besondere Rolle des Vaters (siehe unten) bei der Betreuung in den ersten beiden Lebensjahren überhaupt nicht betrachtet werden, erscheint diese Vorgehensweise ein Verstoß nicht nur gegen das BGB, sondern auch gegen das Antidiskriminierungsgesetz zu sein. Dieser Anwältin sollte schnellstens die Verfahrensbeistandschaft für Moritz entzogen werden und auch keine mehr für andere Kinder übertragen werden, da sie ganz offensichtlich das Wohl des betroffenen Kindes überhaupt nicht betrachtet, sondern sich einseitig für den Standpunkt der Mutter entscheidet und nur diesen vertritt in der stillschweigenden falschen Annahme, dass die Bindung des Kindes zur Mutter von Natur aus tiefer ist als zum Vater und daher der Aufenthalt bei der Mutter zum Wohle des Kindes ist, was im vorliegenden Fall eben nicht zutrifft.

Die hier gemachten Unterstellungen missachten die Gegebenheiten und das Verhalten der Mutter vor und nach der Trennung, wie die unrechtmäßige Mitnahme des Kindes bei Auszug, die Verweigerung des gemeinsamen Aufenthaltsbestimmungsrechts, die unrechtmäßige Ummeldung des Kindes nach W., den Versuch den Urlaub von Moritz mit seinem Vater zu verhindern und die mangelnde Bindung zwischen Mutter und Kind bereits vor der Trennung.

Unstreutig zwischen den Parteien ist, dass Moritz mit dem Vsater nach Auszug der Kindesmutter mit Moritz (dessen Zeitpunkt lediglich zwischen Ende Audust und differiert) Umgangskontakt hatte.
Die Klammer ist unklar, soll sie die falsche Datumsangabe der Kindesmutter beschreiben?
Der Begriff „Umgangskontakt" ist in dem Zusammenhang ungenau bis falsch, insofern ist es nicht unstreitig.
Die Mutter hat Moritz Aufenthalt (wann und wo) rechtswidrig einseitig zu bestimmen versucht mit dem Argument „ich bin die Mutter, ich entscheide.
Der Vater hat seinerseits auf das gemeinsame Recht der Aufenthaltsbestimmung hingewiesen und es eingefordert.
Aus seiner Sicht war der nach dem Auszug bis Ende Oktober hälftige Aufenthalt von Moritz in B. eben Aufenthalt mit voller Betreuung des Kindes, völlig ebenbürtig dem hälftigen Aufenthalt bei der Mutter in dieser Zeit, und nicht nur von der Mutter gebilligter Umgangskontakt.

Die Kindesmutter legt dar, dass der Umgangskontakt berufsbedingt unregelmäßig war, der Kindesvater trägt vor, dass Umgangskontakt nach Gutdünken der Kindes-

mutter gewährt wurde. Unstreitig ist lediglich, dass Umgangskontakt stattfand und ...

Der Begriff Umgang bleibt missdeutlich, es geht um Aufenthalt jeweils bei der Mutter oder dem Vater. Der Begriff kann bestenfalls sprachlich akzeptiert werden, falls er sowohl für den Aufenthalt beim Vater wie bei der Mutter verwendet wird. Als rechtlich relevante Unterscheidung zwischen den Aufenthalten bei der Mutter oder dem Vater wird der Ausdruck ausdrücklich zurückgewiesen.

...und der Urlaubsumgang zwischen den jeweiligen Prozeßbevollmächtigten kommuniziert und vorbereitet wurde.

Die Mutter hat im Vorfeld offen gelassen, ob sie Moritz Pass suchen oder finden würde und zunächst die Ausstellung eines neuen Ausweises abgelehnt. Eine Übergabeuhrzeit hat sie auch nicht mitgeteilt. Erst am Übergabetag rief sie um 8:30 an, dass Moritz um 9 Uhr bei ihr abgeholt werden könnte, den für den Urlaub notwendigen Pass hätte sie nicht gefunden. Als der Vater dann ein Treffen beim Einwohnermeldeamt in B. zur Ausstellung eines neuen Ausweises verlangte, teilte die Mutter mit, dass sie Moritz zwischenzeitlich (einseitig ohne Zustimmung des Vaters) in W. angemeldet hätte, was dem Vater bis dahin nicht bekannt war.

Dann wollte die Mutter einem Treffen beim Einwohnermeldeamt in W. nur zustimmen, wenn sie anschließend von uns zu ihrem Arbeitseinsatz an der Messe gefahren würde. Das haben wir zugesagt.

Während der Bearbeitung im Einwohnermeldeamt war die Mutter meistens außen zum Telefonieren und Rauchen, hat sich schon gar nicht für Moritz interessiert, von dem sie sich ja gerade für seinen Urlaub mit dem

Vater verabschieden müsste. Sie war überrascht, dass der Vater eine ersatzweise ausgestellte Geburtsurkunde und ein biometrisches Foto von Moritz dabei hatte. Mit beidem hatte sie offensichtlich nicht gerechnet. Ihr ganzes Verhalten deutete an, dass sie die Pass-Ausstellung und damit den Urlaub einseitig verhindern wollte. Sie war offensichtlich wütend über die Ausstellung des neuen Passes und die Ungültigkeitserklärung für den alten Ausweis.

Ausschließlich durch massive Vorbereitung, hohen zeitlichen Einsatz und fahrtechnische Unterstützung für die Mutter ist es dem Vater gemeinsam mit mir gelungen, den Urlaub im letzten Moment möglich zu machen.

Zu diesem Zeitpunkt wurde kein Antrag auf Aufenthalts-bestimmungsregelung gestellt. Unabhängig von der Planung des Urlaubsumganges wäre der Kindsvater in deer Lage gewesen, den Aufenthalt – sollte dieser zum damaligen Zeitpunkt streitig gewesen sein – regeln lassen zu nkönnen. Dies hat er nicht getan. Insoweit geht die Unterzeichnende davon aus, dass nicht das Aufenthalts-bestimmungsrecht sondern sowohl der regelmäßige Umgang als auch der Urlaubsumgang mit Moritz für ihn Regelungsbedarf hatte.

Diese Darstellung ist falsch.

Der Vater war selbstverständlich davon ausgegangen, dass die Aufenthaltsbestimmung einvernehmlich erfolgt, die Betreuung wie vor der Trennung erfolgt. Deshalb wurde zunächst eine gerichtliche Regelung nicht als notwendig angesehen. Unmittelbar nach dem Auszug von Die Mutter mit Moritz wurde Kontakt mit der Polizei, dem Jugendamt und dem Kinderschutzbund aufgenommen und anwaltliche Beratung und Unterstützung in Anspruch genommen. Das Jugendamt erkannte keine für das Amt relevanten Probleme, hat einerseits bilaterale Gespräche mit der Mutter geführt, aber bilaterale Gespräche mit dem Vater abgelehnt („kein Handlungsbedarf"). Nach der einseitigen Ummeldung von Moritz erklärte sich das Jugendamt in W. anstelle des Jugendamtes in B. für zuständig. Der Vater hat dann zunächst versucht, den von ihm nicht gebilligten Vorgang der Ummeldung zu klären, was sich zwischen den beiden Einwohnermeldeämtern über Wochen hinzog. Jedenfalls hat das Jugendamt in W. dann wenigstens einen gemeinsamen Gesprächstermin der beiden Jugendämter mit den beiden Elternteilen in drei Monaten festgelegt.

Nach Aussage aller befragten Beteiligten ergab sich zunächst kein Hinweis, dass das gemeinsame Aufenthaltsbestimmungsrecht strittig sei und seitens des Vaters Handlungsbedarf bestand.

Trotzdem hat dann der Vater lange vor dem Urlaub Klarheit angestrebt, seine Anwältin hat gegenüber der Anwältin der Mutter mit drei Briefen ausdrücklich die gemeinsame Aufenthaltsbestimmung eingefordert, die Reduktion auf Umgangsrecht zurückgewiesen und Umsetzungsvorschläge für eine einvernehmliche Regelung gemacht. Er hat damit klar zum Ausdruck gebracht, dass er die Aufenthaltsbestimmung nicht der Mutter überlassen will und dass der Begriff „Umgang" in gegenseitigen Absprachen nichts verloren hat und er eine einvernehmliche Regelung zum Wohle des Kindes anstrebt. Auf diese Briefe erfolgten keine Antworten.

Wäre ihm der Aufenthalt von Moritz primär wichtig gewesen, hätte er bereits beim Auszug, spätestens bei Antragstellung Urlaubsantrag einen Aufenthaltsgenehmigungsantrag gestellt.

Diese Behauptung geht von einer falschen Sicht aus.

Da Der Vater die gemeinsame Aufenthaltsbestimmung als selbstverständlich angenommen und nicht in Frage gestellt hat, gab es für ihn gar keine Notwendigkeit einen Antrag auf Urlaubsumgang zu stellen, er musste nur eine einvernehmliche Absprache mit der Mutter treffen, da beide gemeinsames Aufenthaltsbestimmungsrecht haben. Aus dem gleichen Grund bestand aus seiner Sicht auch keine Notwendigkeit, die Aufenthaltsbestimmung einzuklagen. Die Unzuverlässigkeit der Mutter bei Absprachen und ihr einseitiger aber unbegründeter Anspruch auf Aufenthaltsbestimmung waren allerdings lästig, deshalb erfolgten dann doch durch den Vater schließlich entsprechende Schritte zur Klärung. Eine eilige Klärung direkt nach dem Auszug der Mutter schien nicht sofort schlüssig notwendig.

Nachdem einseitige Aktionen durch die Mutter zunahmen, hat die Anwältin des Vaters einen Eilantrag in B. gestellt. Das Gericht erklärte sich als nicht zuständig, verweigerte gleichzeitig aber die Weiterleitung an ein zuständiges Gericht. Daraufhin haben die Anwältinnen beider Seiten aus zeitlichen Gründen (gebuchter Urlaub) eine einvernehmliche Einigung von Vater und Mutter vorgeschlagen und unterstützt.

Der Versuch des Vaters, unmittelbar nach dem Urlaub mit Moritz einen Eilantrag wegen Moritz Aufenthalt zu stellen, wurde von der Rechtspflegerin in B. als unüblich und unnötig abgelehnt.

Daraufhin hat der vom Vater neu beauftragte Anwalt (Anwaltswechsel zeitgleich mit Anwaltswechsel der Mutter) einen Eilantrag gestellt und gleichzeitig geltend gemacht, dass B. der Lebensmittelpunkt für Moritz war und ist.

Moritz wurde von der Kindesmutter überwiegend seit der Geburt betreuend versorgt. Moritz wurde gestillt und dann primär von der Kindesmutter versorgt.

Diese Darstellung ist falsch. Es ist für Beteiligte unerklärlich, wie die Anwältin zu diesen „Erkenntnissen" gekommen ist.

Der Vater hat ein Jahr Elternzeit genommen und fast ausschließlich Moritz betreut und versorgt. Die Mutter hatte nur zwei Monate Elternzeit und im ersten Lebensjahr von Moritz überwiegend gearbeitet. Falls eine Betreuung durch die Mutter wegen Terminen des Vaters notwendig war, hat die Mutter häufig Moritz den Großeltern väterlicherseits zur Betreuung übergeben, auch wenn sie keinen Arbeitsauftrag hatte. Diese Betreuung durch die Großeltern nahm im zweiten Lebensjahr zu, als auch der Vater wieder gearbeitet hat, der sich immer vorrangig um Moritz gekümmert hat. Die Mutter hat das Kind von Anfang an eher abgelehnt und nur als Belastung empfunden, daran hat sich seit der Geburt nichts geändert und die geringe Bindung zwischen Mutter und Kind ist unverändert auch augenfällig für jeden Außenstehenden zu beobachten.

Moritz wurde eben nicht primär von der Kindesmutter versorgt. Die Mutter hat praktisch auch nicht gestillt, bestenfalls wenige Wochen zurückhaltende Versuche gemacht, es auch direkt abgelehnt und verweigert. Die Versorgung mit Fläschchen und Nahrung und das Baden und Wickeln und die medizinische Versorgung falls notwendig erfolgten fast ausschließlich durch den Vater oder den Großvater.

Die standardmäßige Behauptung eines besonderen Kind-Mutter-Bezugs durch Stillen ist hier völlig unangebracht. Aber eine besondere Nähe und Beziehung zwischen Vater und Kind durch die stets intensive Betreuung insbesondere im Elternzeitjahr ist objektiv nachweisbar und nach wie vor zu beobachten. Wenn überhaupt eine intensive Bindung durch Ernährung und Versorgung begründet werden kann, dann hat sie sich in erster Linie durch die Intensität der Betreuung zu Vater und Großvater ausgebildet.

In dem Alter von Moritz ist davon auszugehen, dass eine enge Mutter-Kind-Beziehung besteht.
Eine in diesem Fall unbegründete Annahme, die die besondere Beziehungssituation von Moritz zu seinem Vater und seinen Großeltern und die schwache Bindung zu seiner Mutter überhaupt nicht betrachtet. Die gemachte Unterstellung würde ja bedeuten, dass in dem Alter eine richterlicher Beschluss in keinem Fall notwendig wäre, weil alle Fälle gleich sind.
Symptomatisch für die fehlende „Bindung" der Mutter zu Moritz ist ihr Verhalten nach der Gerichtsverhandlung. Obwohl die Mutter gerade erfahren hatte, dass Moritz eine weitere Woche beim Vater bleibt bevor das Wechselmodell beginnt, hat sie sich nicht von ihm verabschiedet, sie war nicht zu sehen und aufzufinden, tauchte auch nach längerem gemeinsamen Warten aller Beteiligten nicht auf. Der Großvater würde sich wünschen, dass solches Verhalten von Vertretern des Jugendamtes oder Gerichts wahrgenommen werden, das würde der Großvater sich genauso wünschen für die Szenen bei der Übergabe von Moritz.
Ein anderes Beispiel lieferte die Mutter auf dem gemeinsamen Weg zum Einwohnermeldeamt, sie lief voraus, Luftlinie diagonal über eine stark befahrene Straße, während Moritz an der Hand des Vaters mit zur Fußgängerampel ging. Die Mutter war ein schlechtes

Vorbild und hat in der Stunde vor seiner Abreise überhaupt nicht die Nähe zu Moritz gesucht.

Außenstehende (Nachbarn des Vaters oder der Großeltern
und Freunde und Verwandte) hatten überwiegend den
Eindruck, dass Moritz seiner Mutter gleichgültig war.

Auch Moritz hat eher eine ablehnende Haltung gegenüber
seiner Mutter gezeigt.

Eine besonders innige Beziehung oder Bindung zwischen
Moritz und seiner Mutter ist nicht zu beobachten.

*Zumindest hat Moritz die Kindesmutter als konstante
Bindungsperson seit der Trennung erlebt.*

Diese Darstellung ist falsch, da Moritz nach der Trennung
in den ersten 6 Wochen die Hälfte der Zeit in B. bei
seinem Vater und seinen Großeltern war.

*Moritz hat die Trennung offensichtlich ohne erkennbare
Kindeswohlgefährdung oder Beeinträchtigung erfahren,
zumindest wurde diesbezüglich nichts vorgetragen.*

Wenn das nicht vorgetragen wurde, dann wegen des an-
waltlichen Rats an den Vater, nichts Schlechtes über die
Mutter zu berichten.

Nach wie vor schreit Moritz und wehrt sich, wenn er zur
Mutter soll und klammert an Vater oder Großvater, während er umgekehrt freudig jubelnd zu seinem Vater läuft.

Bereits vor der Trennung und dem Auszug der Mutter mit
Moritz war dieses Verhalten zu beobachten. Nur wenn
die Übergabe von den Großeltern an den Vater erfolgte,
war sie problemlos, wenn der Großvater Moritz heim-
gebracht hat und nur die Mutter anwesend war, wollte
Moritz dort nicht bleiben und hat schreiend nach dem
Großvater verlangt. Also ist die Übergabe an die Mutter
eine harte Stresssituation für Moritz, die Übergabe an den
Vater oder Großvater oder zwischen diesen ist schon

immer ohne jedes Problem erfolgt und wird von Moritz als selbstverständlich akzeptiert, weil sich Moritz sowohl beim Vater als auch beim Großvater offensichtlich geborgen und wohl fühlt.

In dem Zusammenhang wurde vorgetragen, dass der andauernde pickelige Hautausschlag auf Moritz Wange, der jeweils nach einem Aufenthalt bei der Mutter besonders stark ist und beim Aufenthalt beim Vater jeweils weitgehend abheilt, laut Hautärztin möglicherweise durch eine andauernde Stresssituation bei der Mutter hervorgerufen wird. Die Hautärztin hat weiterhin darauf hingewiesen, dass die Behandlung mit einer Fettsalbe durch die Mutter ganz falsch war.

Für Moritz konnten Umgangskontakte zum Vater genauso wie ein Urlaubsumgangskontakt erlebt werden.
Moritz ist die Hälfte der Zeit in B. vom Vater oder den Großeltern betreut worden. Diese Zeiten waren eindeutig Aufenthalte, nicht nur Umgang, die Reduktion auf Umgang wird nach wie vor vom Vater zurückgewiesen.

Der Umgangskontakt wurde offensichtlich dem Grunde nach unproblematisch von der Mutter gestattet. Insofern lässt dies Bindungstoleranz bei der Kindesmutter erkennen.
Nie zuvor, nicht vor und auch nicht nach der Trennung, war Moritz länger als jeweils wenige Tage bei seiner Mutter. Nur unmittelbar vor dem Urlaub vom Vater und Moritz war Moritz zum ersten Mal in seinem Leben durchgehend acht Tage bei seiner Mutter ohne Anwesenheit von Vater oder Großeltern, weil die Mutter den bisher üblichen Aufenthalt bei den Großeltern in dieser Woche verweigerte. Es war und ist unbekannt, wer Moritz diese acht Tage betreut hat, da die Mutter nach

eigener Aussage gearbeitet hat. Insofern wurde Moritz auch in diesen Tagen nicht komplett von der Mutter betreut. Sie sprach von der Betreuung durch eine Bekannte. Der Vater sah Betreuungsvorrang bei sich statt Betreuung durch eine Fremde.

Der jetzt im Wechselmodell angeordnete jeweils durchgehend einwöchige Aufenthalt bei der Mutter ist ungewöhnlich lang für Moritz, erhöht also den jeweiligen Aufenthalt von Moritz bei seiner Mutter erheblich gegenüber den vorausgehenden zweieinhalb Jahren.

Immer wieder hat die Mutter nach der Trennung mit dem Argument „Moritz hat Termine" seinen Aufenthalt in B. abgelehnt. Sie hat ihn behalten, wenn sie ihn benötigte, aber sonst gern abgegeben. So kam es trotz Widerstreben tatsächlich doch zu hälftigem Aufenthalt in B.. Dieses Verhalten spricht nicht für Bindungstoleranz.

Von Umgangskontakte zwischen Mutter und Moritz nach der Rückkehr aus dem Urlaub ist nichts vorgetragen, insoweit wird unterstellt, dass seither kein Kontakt besteht.
Diese Unterstellung ist falsch.

Der Vater hat wiederholt Vorschläge für ein Treffen zwischen Moritz und der Mutter gemacht, die Mutter hat weder diese Vorschläge aufgegriffen oder beantwortet noch Gegenforderungen gestellt. Da könnte genauso unterstellt werden, dass sie an einem Zusammentreffen mit Moritz nicht interessiert war.

Die Kindesmutter hat mit ihrer Mutter an einem Samstag (nach einem Anruf eine Stunde vorher) Moritz für knapp zwei Stunden in der ehemaligen gemeinsamen Wohnung besucht.

Auf weitere Vorschläge für ein Zusammentreffen mit Moritz auch an anderem Ort und ohne Anwesenheit des Vaters hat sie nicht reagiert, die Möglichkeiten nicht wahrgenommen und auch keine eigenen Forderungen gestellt.

Den zweistündigen Besuch hat sie kaum genutzt, um sich mit Moritz zu beschäftigen, sondern hat außerhalb der Wohnung lange Telefonate geführt oder die Wohnung nach Gegenständen durchsucht, die sie zusätzlich zu ihrem damaligen Auszug noch mitnehmen könnte.

Moritz wurde augenscheinlich von der Kindesmutter kommuniziert, dass es sich um einen vorübergehenden Urlaub beim Vater handelt.
Wie und warum wurde ihm das kommuniziert? Er fühlt sich ganz offensichtlich dauerhaft pudelwohl in der für ihn normalen gewohnten Umgebung beim Vater in B. mit allen gewohnten Bezugspersonen (außer der Mutter, die offensichtlich keinen großen Wert auf Umgang mit ihm legt).

Moritz empfindet nun einen Bindungsbruch zur Mutter aus eigener Erfahrung. Dieser wurde durch die Kommunikationsmöglichkeit nur durch die geschlossene Scheibe verstärkt.
Diese Annahme ist nicht belegbar. Wie an anderer Stelle bereits aufgeführt, sehnt sich Moritz in keiner Weise nach seiner Mutter, auch schon vor der Trennung nicht. Es handelt sich eher um einen Bindungsbruch zum Vater, wenn Moritz bei der Mutter ist. Die zitierte geschlossene Scheibe bezieht sich wohl auf den Tag als die Mutter unangemeldet zur Bettgehzeit von Moritz vor der Haustür wartete als der Großvater mit Moritz und seinem Vater von den Großeltern heimfuhr. Moritz wandte sich in seinem Autositz von seiner Mutter ab, schrie nach dem Großvater „Opa einsteigen, Auto fahren", er wollte offen-

sichtlich so schnell wie möglich weg, das war kein guter Zeitpunkt, die Scheibe runter zu lassen.

Dieser von der Mutter verursachte missglückte Versuch einer Begegnung war keineswegs der einzige Kontakt, denn es folgte der erwähnte Besuch der Kindesmutter gemeinsam mit ihrer Mutter und wahrscheinlich wegen ihrer Mutter bei Moritz wenige Tage später und es gab die nicht in Anspruch genommenen Angebote weiterer Begegnungen.

Der Kindesvater hat bislang kein schlüssiges und kindeswohlförderliches Erziehungs- und Betreuungskonzept vorgelegt.

Diese Aussage ist falsch.

Der Kindesvater hat immer wieder seit der Trennung Vorschläge, auch anwaltlich unterstützt und belegbar, gemacht, wie der Aufenthalt von Moritz bei Mutter und Vater gestaltet werden kann und hat schlüssig erläutert, warum B. der Lebensmittelpunkt für Moritz war und auch nach der Trennung ist, insbesondere durch die dort vorhandenen langfristigen und gewachsenen und gewohnten sozialen Kontakte und die Anwesenheit mehrer Bezugspersonen, die sich gegenseitig vertreten können.

Durch die in seinem Eigentum befindliche Wohnung, die seit 6 Jahren vom Vater bewohnt wird, mit angegliedertem Firmenbüro, bestand und besteht in der vorher gemeinsamen Wohnung ein konstantes Umfeld für Moritz mit vielen sozialen Kontakten zur Nachbarschaft und zur Verwandtschaft, insbesondere zu den in 500 m Nähe wohnenden Großeltern. Mit dem Auszug und mehrfachen Umzug hat die Kindesmutter Moritz aus dieser Umgebung gerissen und zunächst keine neue konstante und für Moritz gleichwertige gewohnte Umgebung aufgebaut.

Moritz liebt die bisher gewohnte alte Umgebung und vermisst keine bisher nicht vorhandene neue Umgebung.

Bis heute fehlt eine schlüssige Begründung, warum die Kindesmutter ohne Rücksicht auf das Wohl des Kindes Moritz mit dem Auszug aus seiner sozialen Umgebung herausgerissen hat.

Die Kindesmutter hat bislang seit der Trennung Moritz alleine versorgt und betreut.

Diese Aussage ist falsch.

Moritz war immer wieder nach einigen Tagen jeweils für einige Tage in B. und wurde also nicht nur nicht alleine, sondern höchstens die halbe Zeit von der Mutter versorgt und betreut. Entsprechende Aufzeichnungen standen zur Verhandlung zur Verfügung. Versorgung und Betreuung durch die Mutter sollten außerdem mehr bedeuten als nur der Aufenthalt in der Wohnung der Kindesmutter, oft ohne deren Anwesenheit.

Sie ging während der Trennungsphase keiner Tätigkeit nach.

Die Aussage ist falsch.

Durch zufällige Begegnungen in den ersten Wochen bei Arbeitseinsätzen der Mutter oder die so begründete Abgabe von Moritz bei den Großeltern ist anzunehmen, dass die Mutter gearbeitet hat. Die Aufnahme einer regelmäßigen Tätigkeit spätestens ab Mitte November war ja außerdem der zentrale Anlass für die gerichtliche Verhandlung.

Nunmehr steht für Moritz die Großmutter, die mit in der Wohnung lebt für Moritz als ständige Betreuungsperson zur Verfügung, falls die Kindesmutter weiter arbeiten sollte.

Die Mutter der Mutter lebt und wohnt mit ihrem Mann in Tschechien und betreut dort auch ihre pflegebedürftige Mutter und ist höchstens zeitweise in Deutschland. Ein dauerhafter durchgängiger Aufenthalt in Deutschland ist nicht glaubwürdig. Sie ist außerdem bisher keine gewohnte Bezugsperson für Moritz, weil sie bisher höchstens viermal im Jahr für wenige Tage auf Besuch in Deutschland war, Moritz sich also jeweils neu an sie gewöhnen musste.

Es wird dringend empfohlen, Moritz vorerst den Aufenthalt bei der Mutter nehmen zu lassen. Moritz hat die Trennung der Eltern vor Monaten bereits erfahren und sich bei seiner Mutter neu strukturiert...
Moritz empfindet den Aufenthalt bei seinem Vater und den Großeltern als den normalen Zustand, fühlt sich da uneingeschränkt wohl. Hier war keine Neustrukturierung notwendig, sondern das normale Leben lief für Moritz weiter. Von einer Neustrukturierung seines Lebens bei der Mutter ist zunächst einmal festzustellen, dass sie überhaupt erst hergestellt werden müsste, zunächst wegen mehrfachen Umzugs ohne festen Wohnsitz nicht möglich war und nun in einer viel zu kleinen Wohnung mit bisher verhältnismäßig wenig Aufenthalt von Moritz dort nur schwer erfolgen kann. Das gilt insbesondere, weil Moritz offensichtlich seinen Lebensmittelpunkt in B. empfindet und sich eher gar nicht auf eine Neustrukturierung am Wohnsitz seiner Mutter einlässt, weil aus seiner Sicht offenkundig unnötig.

Der Umgang zum Vater fand statt. Es stellt für Moritz eine erneute Veränderung dar, wenn er nach dem Urlaub nicht wieder an seinen inzwischen neu gewonnenen Lebensmittelpunkt zurückkehren kann.

Der Begriff Umgang wird zurückgewiesen, bisher gab es nur vollwertigen Aufenthalt beim Vater.

Moritz hat bisher keinen neuen Lebensmittelpunkt gewonnen, sein Lebensmittelpunkt ist offensichtlich nach wie vor B.. Der Aufenthalt bei der Mutter stellt für ihn jeweils ein Verlassen seines Lebensmittelpunktes dar, eine jeweilige Veränderung, die er nicht wünscht oder braucht.

Mit dem Wechselmodell wird für Moritz ein von ihm nicht gewünschter Aufenthalt in einer bisher ungewohnten und fremden Umgebung erzwungen, die er bisher als Umgebung für kurze Besuche empfunden hat.

Moritz sollte unverzüglich zur Mutter zurück kehren dürfen und einstweilen das Aufenthaltsbestimmungsrecht übertragen werden, da Moritz dies vielleicht noch als „verlängerten Urlaub" empfinden und kommuniziert werden könnte. Dort ist eine konstante Betreuung in gewohnter Umgebung gewährleistet.

Die Formulierung ist sprachlich fehlerhaft und schwer verständlich. Das Aufenthaltsbestimmungsrecht soll ja wohl nicht Moritz übertragen werden, „dies" meint wohl den Aufenthalt beim Vater nach dem Urlaub. Empfindet Moritz es so, oder muss man ihm es erst eintrichtern? „empfinden" und „kommunizieren" gelten doch wohl entweder – oder, also eigene Sicht oder eingeflüsterte Sicht.

Diese Darstellung ist unverständlich und nicht nachvollziehbar. Nur in B. beim Vater und den Großeltern ist eine konstante Betreuung in gewohnter Umgebung gewährleistet.

Sodann sollte in einem Hauptsacheverfahren – ggf. unter Sachverständigenbeteiligung - geklärt werden, wo Moritz seinen ständigen Aufenthalt nehmen wird.

Gegen eine Sachverständigenbeteiligung ist nichts einzuwenden, wenn der Sachverständige nicht einseitig und voreingenommen die Sicht der Mutter vertritt, sondern das Wohl des Kindes und alle Gegebenheiten vor und nach der Trennung und den sichtbaren Wunsch des Kindes bezüglich seiner Bezugspersonen wahr nimmt und ausreichend berücksichtigt.

Abschließend bleibt noch einmal festzustellen, dass eine realitätsferne und so einseitige Beurteilung zugunsten der Mutter und zuungunsten des Vaters ohne Rücksicht auf das Wohl des Kindes offensichtlich eine Diskriminierung auf Grund des Geschlechts darstellt.

Gesetze und Grundsatzurteile interessieren offenbar keinen der Beteiligten.

Moritz war die ersten Tage nach der Trennung mehr(!!) bei der Mutter? Ja klar, wenn sie mit ihm auf und davon ist und Aufenthalt und Treffen mit dem Vater verweigert. Das war zwar Unrecht, aber da nicht sofort durch den Vater gerichtliche Klärung beantragt wurde, ist aus Unrecht durch vollzogene und hingenommene (!) Tatsachen Recht geworden.

Das lässt sich nicht heilen, obwohl alle beteiligten Stellen dringend einvernehmlich Einigung empfohlen haben, damit also den Vater zur Untätigkeit überredet haben und damit die Situation herbeigeführt haben, die sie jetzt als Begründung für ihr Verhalten benutzen. Ein Teufelskreis – der Vater hat immer Unrecht, denn wäre er mit dem Kind ausgezogen, wäre gegenteilig argumentiert worden und ihm sein Verhalten massiv negativ ausgelegt worden. Vorrangiger Betreuer ist immer derjenige, bei dem das Kind überwiegend sich aufgehalten hat. Schon eine

Stunde oder weniger können das überwiegend begründen, es ist durch späteren längeren Aufenthalt des Kindes beim Vater anscheinend nicht heilbar. Die ersten Stunden sind entscheidend, nicht eine Woche, ein Monat ein halbes Jahr.

Das aber verstößt gegen ein Grundsatzurteil, dass über die gewohnte Umgebung des Kindes erst nach einem halben Jahr nach der Trennung befunden werden darf.

Ab dem auf den Gerichtstermin folgenden Sonntag holt die Mutter um 11 Uhr das erste Mal Moritz beim Vater ab. Das Wechselmodell beginnt. Moritz war jetzt fünf Wochen durchgehend bei seinem Vater.

Mit dem Wechselmodell erfolgt nun ein exakt wöchentlicher Wechsel zwischen Mutter und Vater ergibt sich in etwa eine zeitliche Aufteilung von Aufenthalt und Betreuung von einem Sechstel bei den Großeltern, einem Drittel beim Vater, und zur Hälfte bei der Mutter.

Aufenthalt und Betreuung nehmen also gegenüber vorher bei der Mutter stark zu, bei den Großeltern stark ab.

Nach vier Wochen, Moritz ist gerade bei seiner Mutter, findet der vor drei Monaten vereinbarte Termin der Eltern mit den Jugendämtern statt. Außer den Eltern nehmen die Mitarbeiterin des Jugendamtes in B. und der Mitarbeiter des Jugendamtes in W. daran teil.

Der Vater berichtet dem Großvater anschließend wie folgt.

Die Mitarbeiterin habe sich immer auf die Seite der Mutter geschlagen, alles zu deren Gunsten ausgelegt, dafür sogar gelogen und sich selbst widersprochen. Das entspricht meinen Erfahrungen mit ihr am Telefon.

So ist ihre Behauptung falsch, dass Moritz die ersten Wochen nach der Trennung nur bei seiner Mutter in W.

gewesen sei. Die Mutter ist mehrfach ohne festen Wohnsitz umgezogen, auch in andere Orte. Die Mitarbeiterin korrigiert dann ihre Formulierung in „war nicht in B.", das sei das gleiche. Aber auch so ist es nicht richtig, denn Moritz war gleich ab der ersten Woche hälftig in B.

Die Mitarbeiterin muss auch das zugeben und versucht es zum Vorteil der Mutter dahingehend zu wandeln, dass die damit Ausgleich und Entgegenkommen bewiesen, weil sie Moritz von der ersten Woche an dem Vater gegeben habe.

Aber auch so ist es falsch, die Mutter hat ihn ausdrücklich nicht zum Vater sondern zu den Großeltern gebracht, dort hat er den Vater dann getroffen. Die Mutter hatte sich ausdrücklich geweigert, Moritz zum Vater zu bringen.

Die Mutter behauptet, sie hätte sich schon lange vor der Trennung mit ihren Schwiegereltern überworfen, weil die nur zum Vater gehalten hätten.

Das kann schon deshalb nicht stimmen, weil im wesentlichen sie vor der Trennung Moritz zu den Großeltern gebracht und nach der Trennung weiter in gleich großem Umfang.

Die Mutter behauptet, sie könne nicht auf Moritz verzichten, sehne sich nach ihm, denn schließlich habe sie Moritz 9 Monate unter dem Herzen getragen und eine enge Beziehung dadurch aufgebaut. Das Erziehungsjahr des Vaters, ebenfalls Aufbau einer engen Beziehung zu Moritz, wertet sie ab, denn sie sei als Selbstständige viel daheim gewesen und der Vater habe hinzu verdient. Sie verschweigt, dass sie Moritz in der Zeit sehr oft bei den Großeltern abgeliefert hat, wesentlich häufiger als der Vater.

Trotz Gerichtsfeststellung, dass erst volle 6 Monate nach der Trennung rückblickend über den Wohnort des Kindes zu entscheiden ist, also bis dahin trotz Verhandlung in W. eigentlich B. nach wie vor der Wohnsitz von Moritz ist, beharrt die Jugendamtmitarbeiterin aus B. darauf, nicht zuständig zu sein, weil der erste Eilantrag vom Amtsgericht in B. als nichtzuständig abgewiesen wurde wegen der rechtswidrig durch die Mutter erfolgten Ummeldung von Moritz von B. nach W.

Sie lehnt den Vorschlag des Vaters ab, die Eltern-Paar-Therapie beim Psychologen in W., die auf heute folgenden Termine „Wohl des Kindes" in heutiger Zusammensetzung in B. zu machen. Diese Mitarbeiterin ist also raus aus dem Verfahren, es gibt nur noch Termine beim Jugendamt in W.

Die Fehler der Mitarbeiter der Meldebehörde haben also nicht heilbare langfristige Auswirkungen auf das Leben und Wohlergehen von Moritz. Eine Rückkehr in den vorherigen Stand halten alle Beteiligten für nicht angebracht oder möglich „vollzogen ist vollzogen".

Es erscheint ziemlich sicher, dass bei vertauschten Rollen von Vater und Mutter alle Beteiligten genau umgekehrt, erst recht zu Gunsten der Mutter argumentiert hätten.

Selbstverständlich wären dann Anmeldung, Zuständigkeiten und Aufenthaltsort von Moritz in den Anfangszustand zurückversetzt worden.

Väter haben keine Chance.

Bisher erschienen
Band 5 – Vertauschte Rollen
Band 1 - Trennung und Kindesentzug

In Vorbereitung
Band 2 – Gutes Wechselmodell
Band 3 – Keine Chance für den Vater
Band 4 – Das Wohl des Kindes ?
Band 6 – Beliebigkeit der Auslegung
Band 7 – Das Gutachten, eine Farce
Band 8 – Moritz leidet weiter
Band 9 – Es wird nicht besser für Mia
Band 10 – Das OLG lässt sich Zeit
Band 11 – Ein zweites Gutachten

Der Autor ist Naturwissenschaftler, in Hamburg geboren und aufgewachsen, und lebt zur Zeit in Süddeutschland. Er hat mehrere Kinder und Enkelkinder und hat den Sorgerechtsstreit in der Familie eines guten Bekannten zum Anlass für diese Buchreihe genommen.

Links und Kontakt zum Autor:
www.neiiiin.de
www.greatgreen.de

eMail: martin.orack@greatgreen.de
facebook: martin.orack